PETER DYCKHOFF

Älterwerden
mit Zuversicht

FREIBURG · BASEL · WIEN

MIX
Papier aus verantwor-
tungsvollen Quellen
FSC® C014496

2. Auflage 2022

© Verlag Herder GmbH, Freiburg im Breisgau 2022
Alle Rechte vorbehalten
www.herder.de

Umschlaggestaltung: Finken und Bumiller, Stuttgart
Umschlagmotiv: Rembrandt, Simeons Lobgesang (1669)
Satz: mittelstadt 21, Vogtsburg-Burkheim
Herstellung: GGP Media GmbH, Pößneck

Die Bibeltexte sind entnommen aus:
Die Bibel. Die Heilige Schrift des Alten und
Neuen Bundes. Vollständige deutsche Ausgabe
© Verlag Herder, Freiburg im Breisgau 2005

AΩ DIE BIBEL

ISBN 978-3-451-37839-3

Inhalt

Vorwort 7

Erster Teil
Älterwerden annehmen und gestalten

»Das Holzpferd« – als Einstimmung	*13*
Das Älterwerden gehört zum Leben	*15*
Du brauchst das Älterwerden nicht zu fürchten	*20*
Vertraue auf Gottes Vorsehung	*27*
Sich befreien von materiellem Überfluss	*31*
Halte einen geliebten Menschen nicht fest	*33*
Was die Seele beschwert	*38*
Geliebte Menschen selbstlos freigeben	*50*
Vertraue auf die bestmögliche Stunde	*53*
Angst vor dem Sterbevorgang überwinden ...	*62*
Liebe darf man nicht an Ketten legen	*70*
Differenzen beilegen, bevor es zu spät ist	*72*
Wünsche für den Abschied	*80*
Über die Erzählungen hinaus	*83*

Zweiter Teil
Altern und Unsterblichkeit

Geheimnis der Entgrenzung 97
Phasen der Entgrenzung 97 | Verbindung mit dem Himmel 101 | Steh auf! 102 | Fürbitter sein 107 Aufstieg zu Gott 109 | Selige Entgrenzung 111

Weg zur Alterslosigkeit 115

Dritter Teil
Erfüllter Abschied

Darstellung des Herrn 129
Das Zeugnis des greisen Simeon 129 | Ein weihnachtliches Fest 134

Rembrandt Harmensz van Rijn
Ein erfüllter Abschied 137

Rembrandts letztes Bild:
Simeon und das Christuskind 144
Licht vom Licht 145 | Mit geöffneten Augen 146 Die Prophetin Hanna 147 | Hände: Spiegel unserer Seele 149 | Geistliche Hochzeit 152

Das Abschiedslied des Simeon (P. Ringseisen).. 157
Über das Altern (H. Spaemann) 162
Begegnung mit meinem Schatten (J. Bours) ... 170
Literaturverzeichnis und Bildnachweis 175

Vorwort

Was kann ich tun, damit sich die Sehnsucht Gottes erfüllt und ich mehr und mehr von der Liebe Jesu Christi angezogen werde – und dies ganz besonders auch in meinem Alter? So wünschte ich mir für mein Alter: Die Seele möge nicht belastet oder beschwert sein, von aller Erdenschwere befreit, um sich durch die liebende Anziehung Jesu Christi zu ihm hin bewegen zu lassen. Der Herr möchte alle Menschen mit hinein in den göttlichen Lebensbereich nehmen und sie den widergöttlichen Kräften entziehen, dem Bereich der Finsternis und dem Schrecken des Todes.

Das Altern und der Abschied aus dieser Welt sind so verschieden, wie es Menschen gibt. Wenn sie jedoch ohne Schmerzen altern und lediglich Einschränkungen hinnehmen müssen, bleibt im Alter wunderbar Zeit, diese in religiöses Leben zu investieren und sich auf die kommende Welt vorzubereiten. Menschen, die mehr und mehr den Weg der Hingabe gehen – selbst mit zunehmenden Gebrechen –, erfahren eine tiefere innere Ruhe und Frieden der Seele.

Wenn wir in ihr Gesicht schauen, spüren wir, wie es ihre Seele widerspiegelt:

- ein Landwirt, der im guten Einvernehmen den Hof seinem Sohn übergeben hat und jetzt am Abend auf einer Bank sitzt und dankbar über die Felder schaut;
- Eltern, die ihre Kinder auf einem guten Weg wissen und nicht durch Vorschriften ständig in ihr Leben eingreifen;
- schauen wir auf die letzten Selbstbildnisse Rembrandts, die trotz der harten Schicksalsschläge Reife, Erfüllung und Gottesnähe ausstrahlen;
- welch eine Liebenswürdigkeit ging von Schwester Euthymia aus, als sie trotz ihrer Krankheit die schwere Arbeit in der Waschküche verrichtete;
- ich denke auch an meine Großmutter, die noch mit über achtzig Jahren sowohl ihren als auch den Haushalt ihrer Tochter führte und über deren Lippen kein böses Wort kam, sondern nur ein gütiges und liebevolles.

Es gibt viele verborgen lebende Menschen, durch die der Himmel auf die oft so bitter schmeckende Erde gebracht wird. Es sind Menschen, die auch für andere das Leben wieder lebenswert machen.

Der älter werdende Mensch darf nicht alleingelassen werden, nicht verzweifeln oder verbittern. Mit ihm gemeinsam sollten wir nach neuen Aufgaben für ihn suchen, die seinem Wesen und seiner Begabung entsprechen und vor allem ihm aber auch Freude bereiten sowie ihn am sinnvollen Leben teilhaben lassen. Wir dürfen dankbar miterleben, wie alles Unvollendete beginnt, sich zu vollenden. Ein großer Kreislauf, der als solcher bereits sichtbar geworden ist, möchte sich ganz allmählich schließen. Ein alter Mensch ist wie eine große Bibliothek, die aus vielen gelesenen und ungelesenen Bänden besteht. Er möchte uns so gern aus bekannten und unbekannten Büchern vorlesen und über ihren Inhalt mit uns sprechen. Wie viele spannende Geschichten und Abenteuer kommen da zutage – abgesehen von den vielen Lebensweisheiten, die jedes älter werdende Leben beinhaltet. Seien wir uns bewusst, dass jedes Leben einmalig ist und dass jedes Mal, wenn ein Mensch stirbt, gleichzeitig eine niemals mehr zu ersetzende Bibliothek abbrennt.

Dieses Buch »Älterwerden mit Zuversicht« möchte alle, die daran Interesse haben, auf die Werte und Chancen des Alters aufmerksam machen und vor allem den älter werdenden Menschen dazu anleiten – sofern er es vermisst –, das Leben wieder lebenswerter zu gestalten. Die Freude am Leben, und damit auch am kommenden Leben, kann nur stabil und dauerhaft sein und bleiben, wenn sie im Glauben und damit letztlich in Gott gegründet ist. Somit ist dieses Buch auch ein Glaubensbuch, das der Leserin und dem Leser Zuversicht und lebendige Hoffnung schenken möchte. Es möchte den Weg frei machen, um des Öfteren die heiligen Sakramente zu empfangen und tiefer und verankerter aus dem Glauben zu leben.

Diese Schrift ist auf zwei Pfeilern gegründet. Zum einen steht die Feststellung im Mittelpunkt, dass wir mit Freude, in Zufriedenheit und mit Zuversicht älter werden dürfen und damit Gott, dem Ältesten, immer ähnlicher werden. Und zum zweiten steht im Mittelpunkt dieses Buches Rembrandts letztes Bild (1669): »Simeon mit dem Jesuskind auf den Armen« oder »Der erfüllte Abschied«. Es lohnt sich, bei diesem Bild und bei den dazugehörigen Texten lange zu verweilen und beides in sich aufzunehmen, damit auch uns durch gute Veränderungen in unserem Leben – wie dem greisen Simeon – die Augen der Innerlichkeit aufgehen, damit wir das Heil wahrnehmen.

Peter Dyckhoff

Erster Teil

Älterwerden annehmen und gestalten

»Das Holzpferd« als Einstimmung …

Das Holzpferd lebte länger in dem Kinderzimmer als irgendjemand sonst. Es war so alt, dass sein brauner Stoffüberzug abgeschabt war und eine ganze Reihe Löcher zeigte. Die meisten seiner Schwanzhaare hatte man herausgezogen, um Perlen auf sie aufzuziehen. Es war in Ehren alt und weise geworden …

»Was ist wirklich?«, fragte eines Tages der Stoffhase, als sie Seite an Seite in der Nähe des Laufställchens lagen, noch bevor das Mädchen hereingekommen war, um aufzuräumen. »Bedeutet es, Dinge in sich zu haben, die summen, und mit einem Griff ausgestattet zu sein?« »Wirklich«, antwortete das Holzpferd, »ist nicht, wie man gemacht ist. Es ist etwas, was an einem geschieht. Wenn ein Kind dich liebt für eine lange, lange Zeit, nicht nur, um mit dir zu spielen, sondern dich wirklich liebt, dann wirst du wirklich.«

»Tut es weh?«, fragte der Hase.

»Manchmal«, antwortete das Holzpferd, denn es sagte immer die Wahrheit. »Wenn du wirklich bist, dann hast du nichts dagegen, dass es wehtut.«

»Geschieht es auf einmal, so, wie wenn man aufgezogen wird«, fragte der Stoffhase wieder, »oder nach und nach?«

»Es geschieht nicht auf einmal«, sagte das Holzpferd. »Du wirst. Es dauert lange. Das ist der Grund, warum es nicht oft an denen geschieht, die leicht brechen oder die scharfe Kanten haben oder die schön gehalten werden müssen. Im Allgemeinen sind zur Zeit, da du wirklich sein wirst, die meisten Haare verschwunden, deine Augen ausgefallen; du bist wacklig in den Gelenken und sehr hässlich. Aber diese Dinge sind überhaupt nicht wichtig; denn wenn du wirklich bist, kannst du nicht hässlich sein, ausgenommen in den Augen von Leuten, die überhaupt keine Ahnung haben.«

»Ich glaube, du bist wirklich«, meinte der Stoffhase. Und dann wünschte er, er hätte das nicht gesagt – das Holzpferd könnte empfindlich sein. Aber das Holzpferd lächelte nur.

(Aus M. Williams, The Velveteen Rabbit, New York o. J., zitiert von Philipp Schmitz SJ in »Geist und Leben«, Februar 1973.)

Das Älterwerden gehört zum Leben

Einer Wirklichkeit kann niemand ausweichen: dem Abschied aus dieser Welt. Viele Menschen verdrängen diese Wirklichkeit: Sie denken ans Heute und übersehen das Morgen. Wir leben in der Gegenwart und wissen, dass sie durch unsere Vergangenheit geprägt ist. So wird auch unsere Zukunft zu einem großen Teil durch unser gegenwärtiges Tun und Lassen entschieden. Diese weitreichenden Zusammenhänge können wir noch klarer einsehen, wenn unser Glaube durch Gebet und Empfang der Sakramente lebendig ist. Wir machen die Erfahrung, dass während des Betens die Zeit fast aufgehoben scheint.

Nach dieser Stille jedoch verfügen wir über einen größeren Überblick: Wichtige Details unseres vergangenen Lebens werden uns bewusster, der Blickwinkel für Gegenwärtiges wird größer und Ahnungen, wie unser künftiges Leben weitergehen wird, werden mehr und mehr zur Gewissheit. Der Abschied aus dieser Welt als Übergang in eine neue Lebensform wird von uns nicht mehr als schrecklich und angstbeladen erlebt, besonders wenn wir den Prozess des Älterwerdens des Öfteren bedacht und bejaht haben. Im Christentum dürfen wir erleben, dass das Heil des Menschen nicht allein von seiner philosophischen Einstellung und einer entsprechenden Lebensführung abhängt, sondern auf der Heilstat Jesu Christi beruht.

Es ist wichtig, unser Leben rechtzeitig so zu gestalten, dass es auf das zu erwartende kommende Leben keine Schatten wirft. Unsere Seele hat den Wunsch, lichtvoll und leicht zu sterben.

Der Gerechte aber wird, auch wenn er vorzeitig stirbt, in Ruhe sein. Denn ein ehrenvolles Alter besteht nicht in einem langen Leben; es wird nicht nach der Zahl der Jahre gemessen (Weisheit 4,7–8).

Was hilft es, lange zu leben, wenn wir doch nicht die Chance ergreifen, unser Leben zum Besseren zu verändern und liebevoller zu werden? Das Älterwerden hat den eigentlichen Sinn, dem Ältesten, Gott, immer ähnlicher zu werden. Doch manche Menschen sehen das nicht. Sie laden durch Unzufriedenheit, mangelnde Einsicht und Eigenwilligkeit neuen unnötigen Ballast auf sich. Daher ist es wichtig, dass der älter werdende Mensch liebevolle und religiöse Zuwendung erfährt, um den Sinn seines Lebens tiefer einzusehen. Jedes Sterben ist wie jedes Leben etwas ganz Besonderes und Einmaliges, von dem man für das eigene Leben und Sterben lernen kann. Es ist klug, sein Leben so einzurichten, wie man am Ende angetroffen werden möchte. Die Unruhe schwindet, und die Angst wird wesentlich geringer, wenn wir rechtzeitig

- Unerledigtes aufarbeiten,
- den Menschen, mit denen wir in Spannung leben, Versöhnung anbieten,
- schlechtes Reden über andere einstellen,
- lernen, Unabänderliches anzunehmen und geduldig zu ertragen,
- die Worte der Bergpredigt auf unser Leben beziehen und uns nach ihnen richten,
- durch lebenswahrhaftiges Beten empfänglicher werden für den göttlichen Willen und ihn zu unserem eigenen Willen machen,
- durch unser Testament unseren Nachlass gerecht verteilen.

Solange wir gesund sind, können wir viel Gutes wirken. Sind wir jedoch krank, wissen wir nicht, was wir noch vermögen. Nutzen wir daher die gegenwärtige Stunde, denn sie ist überaus kostbar. Jetzt sind die Tage des Heils, jetzt ist die Zeit der Gnade. Viele erleben den Augenblick, in dem sie das Verlangen haben, auch nur einen Tag oder nur eine einzige Stunde länger zu leben, um noch etwas in sich selbst oder in der Welt in Ordnung zu bringen.

Jede Stunde unseres Lebens ist kostbar. Daher sollten wir lernen, jetzt zu leben und so zu leben, dass uns nichts beschwert, dass wir nicht in Auseinandersetzungen verwickelt sind und unsere Seele bereit ist, unseren Körper zu verlassen, wenn wir zurückgerufen werden. Die Beiträge möchten einerseits mit der unausweichlichen Gewissheit konfrontieren, dass wir alle einmal abberufen werden, und andererseits die Angst vor dem Sterben verringern, Mut machen und die Hoffnung auf das ewige Leben stärken. Lernen wir inmitten dieser Welt mit Christi Botschaft zu leben, werden wir eines Tages für immer bei ihm sein.

Viele zählten auf ein langes Leben und täuschten sich, indem sie unerwartet abberufen wurden: durch einen Unfall, durch eine plötzlich auftretende Krankheit, durch Naturkatastrophen, durch Alkohol oder Rauschgift, durch Verbrechen, durch psychische Belastung, durch Krieg …

Aus meiner priesterlichen Tätigkeit weiß ich, dass das Interesse bei vielen Menschen für das Phänomen des Älterwerdens und die Hoffnung auf die Unsterblichkeit groß ist. Daher drängte es mich, meine Erfahrungen mit älteren Menschen aufzuschreiben, um sie anderen zugänglich zu machen. Die Texte möchten dazu beitragen, eine positive Einstellung zum Älterwerden und zum Tod als Übergang zu einem gewandelten Dasein zu schaffen und das Geheimnis des Todes mit der Auferstehung Jesu Christi in Einklang zu bringen.

Beim Schreiben stellte ich erschreckt fest, wie schnell wir wesentliche Begegnungen in unserem Leben vergessen und die täglichen Ereignisse und die rasende Entwicklung nach außen hin uns in ihren Bann ziehen. Wir bedürfen immer wieder der Erinnerung, um das, was in unserem Leben an Gutem geschah, nicht zu vergessen und erneut wertzuschätzen. Dazu gehören auch unsere Eltern und Menschen, die uns Vorbild waren und unser Leben mitgeprägt haben.

Eine Empfehlung möchte ich noch aussprechen. Sie sollten die Texte nicht zu schnell und nicht unbedingt nacheinander lesen. Lassen Sie sich viel Zeit und suchen sich die Kapitel aus, die Sie jeweils ansprechen. Legen Sie das Buch gegebenenfalls einige Zeit zur Seite und lesen wieder darin, wenn Sie spüren, dass es Sie nicht belastet, sondern Ihnen etwas gibt. Ich bitte um Verständnis, dass ich bei diesem Thema nur meine eigenen Erfahrungen einbringen konnte, um das auszudrücken, was mir am Herzen liegt: das Älterwerden mit Zuversicht zu gestalten und die Auferstehung Jesu Christi spürbar werden zu lassen, in die er uns alle berufen hat.

Du brauchst das Älterwerden nicht zu fürchten

Oftmals fällt mir das Wort von Augustinus ein: *Die Sehnsucht Gottes ist der Mensch.* Und fast gleichzeitig höre ich Christus sagen: *Ich aber werde, wenn ich von der Erde erhöht bin, alle an mich ziehen* (Johannes 12,32). Was kann ich tun, dass sich die Sehnsucht Gottes erfüllt und ich mehr und mehr von der Liebe Jesu Christi angezogen werde – und dies ganz besonders auch in meinem Alter?

Mir kommt das Bild des Magneten in den Sinn. Wenn dieses Stück Eisen über Nadeln oder Nägel schwebt, die weder verrostet noch untereinander verhakt sind, werden sie sich aufrichten, ja, aufstehen und sich in die Richtung der anziehenden Kraft bewegen. Ist die Seele unbeschwert und leicht wie eine Feder, die weder verklebt oder von Nässe beschwert ist, wird sie sich beim Anruf Gottes durch ihre eigene Leichtigkeit und Beweglichkeit zu Gott erheben. Wenn sie allerdings ihre Leichtigkeit verloren hat, wird sie nicht mehr, wie es ihrer Natur entspricht, nach oben getragen, sondern durch die ihr anhaftende Last zu Boden gedrückt.

So wünschte ich mir mein Alter: Die Seele möge nicht belastet oder beschwert sein, von aller Erdenschwere befreit, um sich durch die liebende Anziehung Jesu Christi zu ihm hin bewegen zu lassen. Ist nicht unser ganzes Leben eine Einübung, damit unsere Seele ihre natürliche Schwerelosigkeit zurückgewinnt und wir im Gebet, das in der Hingabe besteht, von der Liebe Jesu Christi angezogen und bewegt werden? Jesus spricht bei Johannes von der alles umfassenden Gnadenkraft, die heilen, erlösen und zum Vater führen möchte. Christus – erhöht am Kreuz – möchte in universaler Breite alle Menschen an sich ziehen, die sich von ihm bewegen und führen lassen möchten. Dadurch nimmt er den Menschen mit hinein in den göttlichen Lebensbereich und entzieht ihn

allen widergöttlichen Kräften, dem Bereich der Finsternis und dem Schrecken des Todes.

Nichts sollte uns daher so sehr an die »Welt« binden oder gar fesseln, dass sich unsere Seele nicht jederzeit aufrichten und auf Gott ausrichten kann.

Aus dieser Erfahrung und Gewissheit haben schon viele gesagt und sagen es immer wieder: »Fürchte dich nicht vor dem Älterwerden und dem Tod.« Sie meinen damit ihr Alter und den Augenblick des Entschlafens, nicht den Vorgang des Sterbens. Das Altern und Sterben ist so verschieden, wie es Menschen gibt. Bereits während unseres Lebens sollten sich eine Stille und eine Ruhe ausbreiten, die nichts mehr stören kann. Es ist, als käme der Schöpfer persönlich uns entgegen, um uns die Hand zu reichen, bei uns zu sein und uns einmal in eine neue, heile und lichterfüllte Welt zu geleiten. Bei denen, die uns gut kennen, verstummt alle Rede und geht in ein Staunen über vor etwas ganz Großem, das sich in uns vollzieht.

Wenn wir ohne Schmerzen sind, verlieren wir im Alter mehr und mehr alle unguten Spannungen und die Gesichtszüge spiegeln ein sanftes, friedvolles Lächeln wider. Alle Furcht oder gar Angst schwindet dahin und man »sieht«, wie den alternden Menschen eine helle und heitere Vision erfüllt. Seine Hände sind weit geöffnet, weit häufiger als dass er eine Faust macht. Im Gebet der Hingabe vollzieht es sich: Nichts Dunkles oder Erschreckendes begleitet dieses Opfer der hingebenden Liebe. Alles Leid beginnt, sich in eine geheime Freude zu verwandeln, alles Unvollendete beginnt, sich zu vollenden, und Schönheit des Alters legt sich auf das Gesicht des Menschen. Ja, mehr noch: Ein heiliger Kreis legt sich um ihn, der eher Bewegungen der jenseitigen Welt zulässt als Berührungen der diesseitigen Welt.

Das Loslassen, das im Gebet der Hingabe besonders wichtig ist, kann und sollte bereits während des aktiven Lebens eingeübt werden. Im Ruhegebet, das zu einem lebenswahrhaftigen Gebet wird und über das Danken, Bitten und Loben hinaus in ein tiefes Schweigen vor Gott führt, nehmen wir unser eigenes Ich ganz zurück und richten uns anbetend auf Gott aus. Wir nehmen die Haltung eines Empfangenden ein, indem wir unser Herz öffnen im tiefen Bewusstsein, dass der Wille Gottes an uns geschehen möge. Neben individuellen Gaben, die sich in unserem Alltag offenbaren, schenkt der Schöpfer uns als Erstes eine gnadenvolle Ruhe, in der wir gern länger verweilen möchten. Diese innere Ruhe stabilisiert sich immer mehr und begleitet uns auch dann, wenn wir aktiv sind. Ganz gleich, wo wir uns befinden und was wir auch tun, wir ruhen in Gott. Dies ist das Endziel allen Betens.

Die Ruhe, die uns im tiefen Gebet des Schweigens zuströmt, ist eine geheiligte Ruhe, die uns Gott am siebten Schöpfungstag geschenkt hat. Viele Menschen haben jedoch die lebensnotwendige Existenz dieser göttlichen Ruhe in ihrem Alltag wie auch in ihrem Alter vergessen und leben ausschließlich in einer sich ständig verändernden Welt. Wer jedoch Zugang zu dieser ewig lebendigen Quelle des Friedens gefunden hat – das sollte mit zunehmendem Alter geschehen –, darf sich glücklich schätzen. Die ruhevolle Wachheit, die sich uns aus unserer Gottverbundenheit schenkt, hilft uns nicht nur, unseren Alltag und unser Älterwerden kraftvoller und sicherer zu bestehen, sondern sie schenkt auch das Gefühl der letzten Geborgenheit in Gott und somit Mut zum Loslassen in der Sterbestunde.

Wenn uns noch kostbare Lebenszeit geschenkt wird, so sollten wir sie nutzen, um alles abzugeben, was nicht zu uns gehört und was unsere Seele ungut belastet. So wie der Morgen die Fortsetzung der am Abend zuvor begonnenen Arbeit fordert oder wie der Landmann im Herbst erntet, was er zu einer anderen Jahreszeit gesät hat, wirken beim Menschen frühere Taten oder Denkweisen fort und verlangen Möglichkeiten zum Reifen oder zur Korrektur.

Es gibt ein Wort, das sagt: »Wie du einschläfst, so wirst du auch erwachen.« Die Gültigkeit dieses Wortes in unserer diesseitigen Welt kann ich durchaus durch meine eigene Erfahrung bestätigen, so wie ich sie auch im Leben anderer bestätigt sehe, mit denen ich darüber gesprochen habe. Ein Beispiel: Es gibt

Menschen, die schauen sich abends oder auch schon tagsüber im Fernsehen einen Film nach dem anderen an. Auf die Dauer erreicht ihr Schlaf nicht mehr die notwendige gesunde Tiefe, sondern er wird flacher und damit nicht mehr so erholsam.

Am Morgen sind sie gereizt und nervös, und mittags klagen sie bereits über eine gewisse Erschöpfung, die sie dann mit starkem Kaffee oder bestimmten anregenden Medikamenten unterdrücken. Das Zusammenleben mit diesen Menschen, die in einen solchen Teufelskreis geraten sind, wird immer schwerer und unerträglicher, denn sie merken oft nicht einmal, dass sie auf dem Wege sind, krank zu werden, oder es eventuell schon sind.

Wer jedoch weiß, wie belastend gerade dramatische Eindrücke am Abend sind und dass sie sich wohl kaum während des Schlafens oder im Traum kurzfristig auflösen, pflegt auf angemessene Weise die Ruhe. Er nimmt – besonders im Alter – nicht mehr so viel neue Eindrücke in sich auf, sondern gewinnt durch Gebet und Gottesdienst Abstand von den Geschehnissen des Tages und richtet sich dabei innerlich auf Gott aus. Ich kenne viele Menschen, die am Abend den Rosenkranz vor dem Einschlafen beten, dann tief schlafen und am Morgen erfrischt und heiter erwachen.

Könnte es nicht ähnlich sein, wenn wir einmal für immer einschlafen und aus dieser Welt gehen?

Sind wir belastet, wird es die Seele schwerer haben, sich vom Körper zu lösen, oder gar desorientiert sein, wenn sie von Gott auf den Weg des Lichtes gerufen wird. Sind wir jedoch geübt im Loslassen und Abgeben von allem, was uns beeindruckt oder gar belastet, werden die Strahlen der aufgehenden Sonne in der jenseitigen Welt – sie sind Zeichen der Auferstehung unseres Herrn Jesus Christus und seiner Erlösung – uns sogleich erheben und uns den weiteren Weg zu Gott weisen.

Vertraue auf Gottes Vorsehung

An diesem Abend schaute ich vor dem Verlassen der Station vom Flur aus lange aus dem Fenster auf die alte Holzbaracke, die im Innenhof des Mutterhauses der Clemensschwestern stand. Schwester Felicia, bei der ich auf der Station sieben in der Raphaelsklinik in Münster ein Krankenpflege-Praktikum machte, hatte mir erzählt, was es mit dieser Baracke auf sich hat und wer darin arbeitete. Mit diesem Wissen wurde mir nicht nur der Platz, an dem ich arbeiten durfte, noch lieber, sondern auch die alte Holzbaracke gewann für mich an Wert.

Eines Tages nahm Schwester Felicia sich die Zeit und erzählte mir von einer Mitschwester, die heiligmäßig gelebt habe und vor drei Jahren gestorben sei. »Haben Sie den Namen Schwester Euthymia schon einmal gehört?« Ich musste zugeben: »Nein«. In Schwester Euthymia hätten Sie einen Menschen erlebt, der immer auf ganz natürliche Weise übernatürlich war. »Sie hat zwar zeit ihres Lebens keine Schlagzeilen gemacht, doch verbreitete sie eine heilende Atmosphäre. 1934 wurde sie bei den Clemensschwestern aufgenommen und machte 1939 ihre Prüfung zur Krankenschwester. 1948 wurde sie unverständlicherweise aus der Krankenpflege herausgenommen und musste die Waschküche für die Raphaelsklinik und das Mutterhaus übernehmen. Der große Wäschereibetrieb der Klinik und des Mutterhauses war durch Bomben völlig zerstört. Die Baracke, auf die Sie von hier oben schauen und in der Schwester Euthymia sieben Jahre ihre schwere Arbeit in Holzschuhen getan hat, ist heute noch unsere Waschküche.«

In gewissen Abständen stiegen weiße Rauchschwaden auf und verschleierten den Ausblick. Schwester Felicia hatte mir ein kleines broschiertes Buch von Pater

Wendelin Meyer gegeben mit dem Titel »Schwester Maria Euthymia«, das 1957 im Selbstverlag der Clemensschwestern erschienen war. Wenn der schwerkranke Mann, zu dessen Betreuung ich mehr oder weniger abgestellt war, ein wenig schlief, las ich in dem Buch. Zwischendurch schaute ich auf die letzte Stätte, in der Schwester Euthymia gewirkt hatte: die Waschbaracke. Als gelernte und engagierte Krankenpflegerin unterwarf sie sich gehorsam ihrer Bestimmung als Wäscherin. Sie stand da im blauen Arbeitskittel, in brauner Lederschürze, zog und hob die schweren Wäschewagen, drehte die schweren Maschinen zum Entleeren herunter und transportierte die Wäsche, als ob das alles für sie gar keine besondere Anstrengung bedeutete. Die Devise von Schwester Euthymia lautete: »Zu Ende führen«, auch die geringste Aufgabe ganz erfüllen. Manchmal ließen Assistenzärzte oder Krankenpflege-Schülerinnen ihre Füllhalter, Tintenstifte oder sogar Prontisol-Tabletten (Chrom-Quecksilber) in den Taschen ihrer weißen Kittel. Dann färbte sich die Lauge in den Bottichen schwarz, blau oder rot und war verdorben. Sogar das entschuldigte Schwester Euthymia. Allen und allem gegenüber strahlte sie eine nie versiegende Freundlichkeit aus.

Die kurzen Einblicke in das Leben von Schwester Euthymia halfen mir auf wunderbare Weise, meine Aufgabe der Sterbebegleitung auch innerlich anzunehmen und zu verwirklichen. Ich begann zu spüren, dass Gebete zu Schwester Euthymia für mich zu einem Trost wurden.

Schwester Euthymia hatte in ihrer Waschbaracke ein kleines Oratorium eingerichtet, damit sie und alle ihre Mitarbeiterinnen unaufhörlich an Christus und die Heiligen im Himmel erinnert würden und um mit ihnen in Verbindung zu treten. Im Juli 1955 erlitt sie einen Schwächeanfall und wurde in die Klinik eingeliefert. Die Diagnose lautete »Krebs« – eine Krebsgeschwulst im Unterleib, die bereits Metastasen in der Leber gebildet hatte. An eine Heilung war nicht mehr zu denken. Am 9. September empfing Schwester Euthymia zum letzten Mal die heilige Kommunion. Es war um sechs Uhr am Morgen. Sie richtete sich in ihrem Todeskampf auf und sagte: »Noch zehn Minuten …« Dann nahm sie ihr Sterbekreuz und erwartete ruhig den Tod.

Schwester Euthymia war von ihrem Glauben so erfüllt, dass sie sich über ihre Versetzung von der Krankenpflege in die Waschküche nicht beschwerte, sondern diese als Gottes Willen dankbar annahm. Sie lebte und starb zufrieden in der Gewissheit, Gottes Willen zu erfüllen – auch wenn sie sich diesen vielleicht nicht erklären konnte.

Sich befreien von materiellem Überfluss

Ich bin Ihnen sehr dankbar«, sagte eine alte Dame zu mir, »dass Sie zu mir zum Gespräch ins Seniorenheim gekommen sind. Mich quält schon seit Langem ein Thema, das ich nur bei Ihnen ansprechen kann. Meine Angehörigen wissen, dass der kostbare Schmuck, den mir in den Jahren unserer wunderbaren Ehe mein verstorbener Mann geschenkt hat, und der Schmuck, den ich aus meiner eigenen Familie geerbt habe, sich hier im Haus im Safe befindet. Eigentlich müsste ich mich schämen, denn ich habe weder eine Verteilung im Testament vorgenommen noch je ein Stück bisher verschenkt. Und wenn Sie wissen, wie hoch die Versicherungsprämie für den Schmuck ist, können Sie sich vorstellen, wie wertvoll der Schmuck ist.

Seit ich hier im Heim lebe – und das sind schon einige Jahre –, habe ich noch niemals ein Schmuckstück angelegt. Ich lebe einzig und allein aus der Erinnerung, und diese hat nichts Trauriges oder Deprimierendes an sich. Und da frage ich mich, ob ich nicht doch die Werte bereits zu meinen Lebzeiten verteilen soll. Auf der anderen Seite bedeutet der Schmuck für mich erhöhte Sicherheit, denn man kann ja nie wissen … Während der Weltwirtschaftskrise und der beiden Inflationen, die ich mitgemacht habe, ging es uns sehr schlecht. In ganz besonderer Weise verbindet der Schmuck mich auch mit meinem Mann, der mir zu besonderen Anlässen ein wertvolles Schmuckgeschenk machte. Und der alte Schmuck aus meiner eigenen Familie erweckt in mir ein Gefühl der Zugehörigkeit und Familien-Identität.

Ich bin dankbar, dass ich diese Worte und damit mein Anliegen Ihnen gegenüber einmal aussprechen durfte. Es ist mir damit vieles leichter geworden, und die Antwort auf meine Frage liegt mir bereits im Herzen. Ich glaube, ein Kommentar von Ihnen wird sich erübrigen, denn ich spüre jetzt ganz deutlich, dass ich mich angesichts meines Alters von dem gesamten Schmuck trennen kann. Wie sehr werden sich meine Schwiegertöchter und Enkelinnen über manches so kostbare Schmuckstück aus der eigenen Familie freuen …«

Ist es generell richtig, als alter Mensch zu Lebzeiten bereits Erbe zu übertragen, das man nicht selbst notwendig braucht? Bindet dies die Erben an den Erblasser – oder muss man befürchten, dass nach einer Verteilung des Erbes die Angehörigen sich nicht mehr im Seniorenheim blicken lassen? Auf jeden Fall fühlt man sich freier und erleichtert und darf zudem die Freude des Schenkens erfahren.

Halte einen geliebten Menschen nicht fest

Als ich Kooperator (Kaplan) in der italienischen Diözese Bozen-Brixen war, fuhr ich häufig mit dem Rom-Express nach Deutschland, um meine Mutter zu besuchen. Wenn er nicht in Brixen hielt, stieg ich in Bozen ein. So, wie ich gekleidet war, verlief auch die Fahrt – ich meine damit die Begegnungen im Rom-Express. Trug ich eine Cordhose, Pullover und Jacke, galt ich als unauffälliger Reisender, der mit Lesen und Schlafen – also ganz für sich selbst – die Zeit verbrachte. Reiste ich allerdings in meinem schwarzen Anzug und war durch Kreuz und Kollar als Priester zu erkennen, wurde ich auf jeder Fahrt mehrmals angesprochen und in die verschiedensten Gespräche verwickelt. Obgleich das Kirchenrecht individuellen Spielraum zulässt in Bezug auf die Frage nach dem Tragen klerikaler Kleidung, sah ich mehr und mehr ein, wie wichtig es für viele Menschen ist, auch im alltäglichen Geschehen einen Priester ausfindig machen zu können.

Einmal sprach mich im Rom-Express – schon gleich, nachdem ich eingestiegen war – eine Dame an, deren Mann beim Skilaufen einen Herzinfarkt mit tödlichem Ausgang erlitten hatte. Sie war mittleren Alters und außer sich vor Trauer. Ich spürte, wie wichtig es für sie war, mit einem Priester ausführlich über alles, was sie bewegte, sprechen zu können. Wir hatten auf der ganzen Fahrt das Glück, ein Abteil für uns allein zu haben. Obgleich der Zug gut besetzt war, setze sich niemand in unser Abteil. Das Ehepaar aus dem Ruhrgebiet hatte sich schon lange darauf gefreut, Winterurlaub in den Dolomiten zu machen, und zwar auf der größten Hochalm Europas, der Seiser Alm unterhalb des Schlern in Südtirol. In den letzten Tagen, kurz vor ihrer Abreise jedoch, passierte das Unglück. Man hatte den Ehemann noch ins Krankenhaus nach Bozen gebracht, doch jegliche ärztliche Hilfe kam zu spät.

Während die Ehefrau jetzt mit dem Zug nach Hause fuhr, wurde ihr Mann von einem südtiroler Bestatter überführt. Sie zeigte Vertrauen zu mir; und manchmal ergriff sie im Gespräch verzweifelt meine Hand und hielt sie fest. Das Geschehene schien ihr immer noch unfassbar und nicht Wirklichkeit zu sein. In unserem stundenlangen Gespräch, das vornehmlich um sie selbst, ihre Verlassenheit, ihr Anklammern an ihren Mann und ihre derzeitigen Gefühle ging, hatte ich alle Mühe, nach dem Verstorbenen zu fragen und von ihr Antworten zu bekommen. Es war mir vorerst nicht möglich, mit ihr gemeinsam für ihren Mann zu beten, der genau wie wir in die gleiche Richtung unterwegs war. Ich habe sie all das ausreden lassen, was sich bei ihr an innerer Not aufgestaut hatte. Nicht zuletzt offenbarte sich eine Wut, die sich auch auf Gott richtete, und ein Unverständnis, dass er das Liebste, das sie besaß, so jäh von ihr gerissen hatte. Mit aller Kraft hielt sie sich an ihrem Mann fest, nicht bereit, ihn in Freiheit gehen zu lassen und Gnade für seine Reise zu erbitten. Auf wiederholte Ansätze von mir, einmal in diese Richtung zu denken und zu fühlen, reagierte sie mit Unverständnis, ja, sie sagte zwischendurch mehrmals: »Wie konntest du mir das antun?«

Stunden vergingen – der Zug hatte lange am Brenner Aufenthalt – bis sie ihr Leid, ihre Trauer, aber auch ihre Auflehnung gegen den plötzlichen Tod ihres Mannes ausdrücken konnte. Es war gut so, denn jetzt war sie ruhiger und vielleicht offen für ein paar Worte zu ihrem Mann, über den ich gern schon eher gesprochen hätte. Ich spürte noch deutlicher, wie sie ihn mit aller Gewalt festhielt und ihn sich zurück in dieses Leben wünschte. Bei vielen meiner Worte zur Befindlichkeit ihres Mannes jedoch sah ich, wie sie an ihr abglitten. Daher betete ich zwischendurch leise um eine Eingebung, wie ich der Frau helfen könnte. Wir schwiegen miteinander und sie weinte. Dann sprach ich in diese Stille ein Gebet für ihren Mann. Das muss ihr fremd gewesen sein, denn sie horchte auf und ich hatte den Eindruck, dass sie endlich spürte, was in der augenblicklichen Situation vonnöten war. Es ging jetzt vornehmlich um die Seele ihres Mannes, die so plötzlich und unerwartet aus seinem Körper gerissen wurde und die der besonders liebevollen Zuwendung bedurfte.

Unser Gespräch entwickelte sich zu einem wahren Dialog, den wir durch gemeinsames Beten für ihren Mann immer wieder unterbrachen. Ich glaube, dass ich ihr auf der Grundlage meiner Erfahrungen mit der Sterbebegleitung ein wenig helfen konnte, ihren Schmerz auszudrücken, dann aber mehr und mehr für den Verstorbenen da zu sein. Als sich unsere Wege trennten, verabschiedeten wir uns und ich hatte das Gefühl, dass diese Frau etwas mehr von sich absehen konnte und ihr Blick und ihr Herz nicht mehr festhaltend auf ihren Mann gerichtet waren, sondern liebend und freigebend. Ganz besonders bedankte sie sich für den Hinweis auf Maria von Magdala, die voll Trauer ihren Herrn suchte.

Maria aus Magdala hatte Jesus sehr lieb. Sie stand vor seinem Grab und weinte bitterlich, denn beim Anblick des leeren Grabes meinte sie, man habe ihr ihren Herrn weggenommen und jetzt wisse sie nicht, wohin man ihn gelegt habe. Als sie sich umschaute, sah sie jemanden hinter sich stehen. Es war Jesus, doch Maria meinte, es sei der Gärtner. Als er ihre Trauer sah, gab er sich zu erkennen und sagte: Maria! Sie wandte sich jetzt vollends zu ihm um und sprach ihn mit dem Namen Meister an.

Darauf sagte Jesus zu ihr: *Halte mich nicht fest; denn ich bin noch nicht zum Vater hinaufgegangen* (Johannes 20,17).

Was die Seele beschwert

Da wir in dieser Welt niemals ganz zur Ruhe kommen und uns immer wieder dieses oder jenes quält, kann das Ziel des Menschen nicht in der sich ständig verändernden Welt liegen. Achte also darauf, während deines Lebens, insbesondere in deinem Alter, von Dingen loszulassen, von denen du dich zu Lebzeiten festhalten ließest.

Als ich mit meinen theologischen Studien begann, lernte ich auf äußerst seltsame Weise einen Theologieprofessor kennen, der mit seinen fast 86 Jahren am Ende seines Lebens stand und darum rang, seine geliebte Theologie und sein Leben loszulassen, um es endgültig in die Hände Gottes zu legen. Ich studierte an der Philosophisch-Theologischen Hochschule St. Georgen in Frankfurt. Mein erstes Semester hatte im Mai 1960 begonnen und ich war überaus glücklich, einige familiäre Schwierigkeiten überwunden zu haben, um endlich mit der Theologie anfangen zu können. Der Tagesablauf war streng und genau eingeteilt. Bis auf kleine Spaziergänge am nahe gelegenen Main blieb nicht viel Zeit für Persönliches. Ich vermisste nichts – hatte ich doch noch alles vor mir. Unter der Etage, auf der ich mein Zimmer hatte, befand sich die Klausur der Jesuiten. Wir durften sie nicht betreten.

Da ich mit vielen neuen Eindrücken beschäftigt war – zum Studium kamen die Ignatianischen Exerzitien anfangs noch hinzu –, bemerkte ich vorerst nicht, welch sonderbare Geräusche aus einem Zimmer unter mir kamen. Der Besuch der Gottesdienste und Andachten, die Vorlesungen, Seminare, die Arbeit in der Bibliothek und vieles mehr ließen mich kaum in meinem Zimmer sein. Und abends war ich derart müde und erschöpft, dass ich so bald wie möglich zu Bett ging und sofort einschlief. Erst nach einer geraumen Zeit nahm ich diese Geräusche wahr, die aus dem Zimmer kommen mussten, das zur Klausur der Jesuiten gehörte. Da die Hochschule von Jesuiten geleitet wird und der Pater, von dem ich sprechen möchte, 63 Jahre lang Jesuit war, möchte ich seinetwegen kurz etwas zum Jesuitenorden sagen.

Ignatius von Loyola und sieben seiner Gefährten gelobten im Jahr 1534 in Paris Armut, Keuschheit und Missionsarbeit. 1540 schlossen sie sich zu einem Orden zusammen, der direkt dem Papst unterstellt ist. Die Jesuiten waren bestrebt, überall in der Welt dort zu helfen, wo die seelsorgliche Hilfe nicht ausreiche. Im Vergleich zu anderen Orden pflegen die Jesuiten eine »gewöhnliche Lebensweise« und die Mobilität. An der Spitze der Ordensgemeinschaft steht

der Generalobere, der auf Lebenszeit gewählt wird, aber heute eine Rücktrittsmöglichkeit hat. 1773 hob Papst Clemens XIV. nach langem Zögern den Jesuitenorden auf. Zu Beginn des 19. Jahrhunderts wurde er jedoch wieder aufgebaut. Im Jahr 1965 betrug die Mitgliederzahl der Jesuiten 36 000. Die wichtigsten Arbeitsgebiete des Ordens sind Hochschule und Wissenschaft, Priesterausbildung, Exerzitien, Studentenseelsorge und Erwachsenenbildung. Die Hochschule St. Georgen in Frankfurt diente der Priesterausbildung, vornehmlich aber der Ausbildung von Jesuiten.

Die Geräusche, die ich unter meinem Zimmer zu ganz unregelmäßigen Zeiten wahrnahm, wurden – das konnte ich genau hören – durch einen Menschen und seine Stimme verursacht. Mal war es ein Schimpfen, ein Schreien, lautes Reden, vor allem ein Toben und Schlagen mit den Fäusten, das kein Ende nehmen wollte. Ich horchte, doch konkret verstehen konnte ich nichts. Manchmal war es auch ein kindlicher Hilfeschrei – so kam es mir wenigstens vor. Spät am Abend trat Ruhe ein. Ob die anderen Studenten nichts hörten? Auf jeden Fall sprach niemand darüber. Ich fragte schließlich einen älteren Pater, der mir nur zögernd und leise sagte, Pater Rabeneck, ein emeritierter Professor für Dogmatik, sei sehr krank, er kämpfe mit dem Leben, aber mehr noch mit der Theologie. Ich ahnte, was er mir damit sagen wollte, und fragte nicht weiter.

Welch innere Not musste dieser Man aushalten. Er tat mir leid; und in den nächsten Tagen verspürte ich immer stärker den Wunsch, ihm zu begegnen. Dazu war es notwendig, unbemerkt in die Klausur und in sein Zimmer zu gelangen. Ich, der am Anfang aller Theologie stand und auch philosophisch kaum gebildet war, wusste zwar nicht, wie ich Pater Rabeneck helfen konnte, doch eine innere Eingebung sagte mir, dass ich ihn kennenlernen müsse. Mehrere Anläufe, in die Klausur zu kommen, schlugen fehl. Doch dabei hatte ich aus der Entfernung gesehen, dass zwei jüngere Patres vor der Tür, die zum Zimmer von Pater Rabeneck führen musste, Wache hielten. Wahrscheinlich durfte er sein Zimmer nicht verlassen – aus gesundheitlichen Gründen oder aus Gründen der Sicherheit, weil er vielleicht unberechenbar war? Umso mehr spürte ich jetzt die Not, die in der Seele des Paters herrschte. Mein Verlangen, ihm zu begegnen, war so stark, dass mich nichts daran hindern konnte, meinen Plan auszuführen.

Durch einen Trick gelangte ich in die Klausur, indem ich sagte, dass ich unbedingt beichten wolle, der Beichtvater wegen der Eile mich zu sich bestellt habe und auf mich warte. Ich ging zielgerichtet den Flur entlang und blieb da stehen, wo ich unbemerkt war. Von hier aus konnte ich die beiden Wachposten beobachten, ohne dass sie mich sahen. Mal ging der eine, dann der andere für einen kurzen Augenblick fort, und nach geraumer Zeit alle beide. Ich nutzte die Gelegenheit, klopfte an und war schon im Zimmer. Es bot sich mir ein Chaos: Bücher über Bücher – gestapelt auf dem Boden, in Regalen und auf dem Schreibtisch, an dem ein großer, schwarz gekleideter alter Mann saß. Er drehte sich um, denn er hatte mein Eintreten bemerkt. So ein böses und bitter verzerrtes Gesicht sah ich damals wohl zum ersten

Mal. Ich bleib ruhig stehen, wir schauten uns lange an und es geschah äußerlich nichts. Mit dunkler ruppiger Stimme sagte er etwas, das ich nicht verstand. Nach einer Weile jedoch – und das war wunderbar zu beobachten – entspannten sich seine dunklen Gesichtszüge. »Was führt Sie zu mir und wie konnten Sie überhaupt in mein Zimmer kommen, wo ich doch unter Kontrolle stehe?« Seine Stimme wurde auf einmal ganz menschlich. Ich vermutete, dass der Pater schon lange keinen Besuch mehr hatte und jetzt staunte, dass ein junger Mensch einfach zu ihm vorgedrungen war.

Pater Rabeneck bot mir einen Stuhl an, erhob sich mühsam vom Schreibtisch – er kam mir vor wie ein schwarzer Riese – und setzte sich mir gegenüber. Ich nannte meinen Namen und sagte, dass ich aus der Nähe von Münster käme. »Oh«, sagte er, »das ist nicht weit von Paderborn, wo ich geboren und aufgewachsen bin. Wir sind also beide echte Westfalen.« Er begann von sich zu erzählen wie ein Quell, der anfängt zu sprudeln, nachdem er von Hindernissen befreit wurde. Ich staunte nicht wenig darüber, wie schnell dieser alte weise Professor Vertrauen zu einem jungen und fremden Studenten gefasst hatte. Waren es lichte Momente, die ich durch mein unverhofftes Kommen in seiner Verwirrung ausgelöst hatte? War es eine Sehnsucht, einfach als Mensch da zu sein und nicht theologisch? War es vielleicht ein Teil seines Wesens, den er als Theologieprofessor nicht leben durfte? War es eine Überraschung für seinen stets denkenden Geist, der mit einer solchen Begegnung nicht gerechnet hatte?

Pater Rabeneck fuhr fort zu sprechen: »Seitdem ich mit 22 Jahren von der Gesellschaft Jesu aufgenommen wurde, widmete ich mein ganzes Leben der Theologie und der Vermittlung theologischen Wissens. Vorher hatte ich schon in Münster – Ihrer Heimat – einige Jahre Theologie studiert. 1907 wurde ich zum Priester geweiht. Und jetzt am Ende meines Lebens möchte ich die Theologie, mein Priestersein und mein Menschsein in die Hände Gottes legen, aber es will mir nicht gelingen. Daher bin ich so oft aufgebracht, böse und missmutig. Ich mache am Ende meines Lebens die bittere Erfahrung, dass ich theologisch im Glauben nichts willentlich bewirken kann, sondern geschehen lassen muss. Das fällt mir schwer, und dagegen lehne ich mich auf, weil dieser Zustand des Noch-Nicht schon so endlos lange anhält.«

Ich hörte zu, ich war ganz Ohr, da seine Worte mich zutiefst beeindruckten. Hier stand ein Theologieprofessor – bestimmt ein großer Denker – an der Schwelle des Lebens und konnte seine »Theologie« nicht loslassen, um hinüber in ein neues Leben zu gehen. Wie stark war doch dieser Mann sein ganzes Lebens lang vom Wollen, Denken und Tun her geprägt. Ob dies wohl eine spezielle jesuitische Eigenart sei, dachte ich. Aber muss das Ende eines großen intellektuellen Lebens denn so aussehen?

»Seit 1909 war ich Professor der Apologetik und der Dogmatik in Valkenburg, Holland, und später bis 1948 an der Philosophischen Hochschule der Jesuiten in Pullach bei München, die wir auch ›Schule des Denkens‹ nannten. Hier fanden die auf das Theologiestudium ausgerichteten philosophischen Vorlesungen statt. Die philosophische Tradition der Hochschule war vom Denken der Neuscholastik geprägt. Wir orientierten uns vornehmlich an der Schule des Thomas von Aquin. Zeitweilig gab es auch in Pullach eine Theologische Fakultät, was meinen Fächern natürlich sehr entgegenkam.

Durch Systematik die Schätze und die Geheimnisse der Theologie zu erkennen, war mein Hauptanliegen, das ich versuchte, meinen jüngeren Mitbrüdern nahezubringen. Dazu erschien 1941 mein Buch: ›Einführung in die Evangelien durch Darlegung ihrer Gliederung‹. Sie sollten es einmal lesen!«

Mein Respekt vor diesem Mann wuchs; aber gleichzeitig hatte ich auch Mitleid mit ihm. Seine Begabung war zwar die Wissenschaft, verbunden mit einem lebenslänglichen Studium, aber was geschah jetzt in Wirklichkeit, wo er all das loslassen musste? Seine Augen schauten mich durchdringend an, und ich dachte, so durchdringend wird auch sein geschulter Geist sein. Und trotzdem ging etwas von ihm aus, das mir verriet, dass mit all der hohen Philosophie und Theologie nicht der Himmel zu erschließen sei. Im Verlauf unseres Gespräches – oder besser: seiner Rede – kam er selbst darauf zu sprechen.

»Fünf Jahre lang habe ich bei der Ordensleitung in Rom das Amt des Zensors theologischer Werke innegehabt. Ich habe geforscht und wissenschaftliche Werke herausgegeben, mich mit dem spanischen Theologen und Jesuiten Luis de Molina beschäftigt und seine berühmte Schrift »Concordia liberi arbitrii« herausgegeben; ich habe in anderen Werken versucht, anhand von Molina die Willensfreiheit mit der Gnadenwirksamkeit, dem göttlichen Vorherwissen und der Vorherbestimmung zu vereinbaren; in Verbindung mit meinen Vorlesungen über den dreieinigen Gott habe ich 1949 das Buch herausgegeben »Das Geheimnis des dreipersönlichen Gottes« – ich könnte Ihnen noch weit mehr aufzählen, aber was nutzt mir jetzt alles, da ich keine Ruhe finde? Mein Geist ist wach und möchte weiter studieren, doch mein Körper ist am Ende und meine Nerven sind krank. Ich erlebe mich wie gespalten: Der Körper muss gehen, doch der Geist möchte bei der Theologie und den Büchern bleiben. Was ist das für ein unseliger Zustand!

Man hat mich als strengen Professor gesehen und erlebt – ich war es auch, denn ich habe wenig, ja, zu wenig mein Herz sprechen lassen. Jetzt ist es zu spät und ich wüsste auch nicht mehr, wie das geschehen sollte.«

Ich saß diesem Mann gegenüber und schwieg. Meine bloße Gegenwart schien ihm genug. Wie wenig war notwendig, um den gelehrten und abermals gelehrten Theologieprofessor da anzusprechen, wo er sich vielleicht in seinem Leben nie hat ansprechen lassen. Während ich ihn anschaute, wurde mir auf einmal klar, dass Pater Rabeneck sich nicht mehr in nur theologischen Auseinandersetzungen befand, sondern ganz schlicht und einfach in einem geistigen Ringkampf mit dem Tod. Ein Sterbender saß mir gegenüber, der durch seine Theologie und seinen überaus stark entwickelten Willen sich selbst am Sterben hinderte. Kann das Sterben so schwer werden, fragte ich mich, wenn der menschliche Wille nicht zustimmt, sondern eigenwillig ist? Welch unerlöste Kräfte müssen noch in diesem Mann freigesetzt werden, damit er seine Ruhe in und mit Gott findet! Sollte man ihn sich nicht austoben lassen, anstatt ihn einzusperren und zu bewachen?, dachte ich in meiner vielleicht recht naiven Vorstellung.

»Mir tut es außerordentlich gut, dass Sie mich besuchten und Zeit für mich hatten«, sagte er nach einer längeren Pause, in der wir uns gegenseitig anschauten. Sein böser Blick, der mich anfangs wie eine Speerspitze traf, hatte sich, während er sprach, total verflüchtigt und war einem gütigen Schauen gewichen.

Ebenso hatten sich seine aggressive Anspannung und seine Unruhe gelegt. Ich spürte, dass friedliche Gelassenheit von ihm ausging. Meine Zeit zu gehen – und das entnahm ich seinen Worten – war gekommen und ich erhob mich. Pater Rabeneck blieb sitzen; ich gab ihm zum Abschied die Hand. Dann schaute er mir schweigend nach, als ich zur Tür ging, sie öffnete und sein Zimmer verließ.

Die beiden Patres an der Tür staunten nicht wenig, als ich wie selbstverständlich aus dem Zimmer trat, sie grüßte und schnellen Schrittes auf die Klausurtür zuging. Von diesem Augenblick an habe ich inständig für Pater Johannes Rabeneck gebetet, dass er in Ruhe sterben und seinen wachen studierenden Geist voll Vertrauen in die Hände Gottes legen möge. Ich hatte den Eindruck – vielleicht aber auch nur in meiner Vorstellung und meinen Wünschen –, dass das Toben und laute Rufen unter mir weniger geworden war. Wenn ich jedoch etwas hörte, sprach ich ein Stoßgebet. Mit niemandem habe ich jemals über diese, mein Leben bereichernde Begegnung gesprochen; aber zum Glück hat mich auch niemand danach gefragt.

Als einige Wochen später Pater Johannes Baptist Rabeneck starb – ich möchte von mir aus und leise sagen: von seiner theologischen Besessenheit erlöst wurde –, las ich auf seinem Totenzettel die Worte: »Bis in die letzten Stunden seines Lebens hat er, obwohl sein Körper durch Kreislaufschwäche immer mehr dahinsiechte, seine geistige Klarheit bewahrt und sein Studium fortgesetzt. Als er am 10. Juli 1960 im Alter von fast 86 Jahren starb, war sein Tisch mit aufgeschlagenen Büchern bedeckt. Nur für einen Augenblick schien er seinen Arbeitsplatz verlassen zu haben. R. I. P.«

Ich betete dagegen: »Mögest du, lieber Pater Rabeneck, jetzt, wo du endlich nach langen Kämpfen die Schwelle zum ewigen Leben überschritten hast, niemals mehr zur Theologie und zu deinem Arbeitsplatz zurückkehren, sondern erfüllt sein von der neuen Erkenntnis, die Christus dir offenbart hat, und im Licht seiner Gnade und geborgen in seiner Liebe in Ewigkeit leben. Amen.«

Geliebte Menschen selbstlos freigeben

»Heute noch bin ich sehr stolz darauf, dass ich über zehn Jahre den Seniorchef unseres Betriebes fahren konnte. Nach seinem Tod wurde meine Stelle gestrichen. Heute lenken die jungen Unternehmer ihr Auto selbst und lassen es sich auch nicht nehmen. Ich habe meinen Beruf als Fahrer geliebt; während der tagelangen Fahrten durch Deutschland wurde mir viel Persönliches anvertraut, und ich konnte oft durch mitfühlende Worte wie auch Taten helfen. Doch das stand außerhalb meines Dienstplanes …

Nun arbeite ich im Lager unseres mittelständischen Textilunternehmens und fahre hier den Gabelstapler. Es ist schon eine große Umstellung für mich, nur im Lager zu fahren und volle und leere Paletten zu transportieren. Die menschliche Nähe und die Kontakte zu vielen fremden Menschen fehlen mir sehr. Doch sehe ich meiner baldigen Pensionierung freudig entgegen. Ich darf sagen, dass ich gut verdient habe. Meine Frau konnte es sich somit erlauben, zu Hause bei unserem Sohn zu bleiben, um ihn großzuziehen. Wir beide haben alles für ihn getan und ihn gefördert, wo wir nur konnten. Unser gemeinsamer

Wunsch war es, ihn studieren zu lassen. Und das, was wir uns niemals erträumt haben, ist aus ihm geworden: An der Universität Aachen hat er einen Lehrstuhl für Chemie inne.

Doch leider – und das ist für meine Frau und mich so entsetzlich bitter – schämt er sich seiner Eltern, da er in sogenannten besseren Kreisen verkehrt und – wie er meint – verkehren muss. Aus seinem Leben sind wir ganz ausgeschlossen. Er hat mit seiner Frau zwei gesunde Kinder; sie leben in einem gemieteten Haus, wollen aber bald ein eigenes Haus bauen. Hier und da erfahren wir mal etwas von ihm und seiner Familie – am Telefon oder kurz, ganz unverbindlich über das Internet. Nur selten, und nicht einmal in den Ferien, besuchen sie uns zu Hause.

Wenn sie hier und da wirklich einmal kommen, stellen sie, auch die Kinder schon, sehr hohe Ansprüche – auch unsere Schwiegertochter, die alles tut und sicherlich auch alles denkt, was unser Sohn sagt. Wir sind dann völlig überfordert, werden traurig und ziehen uns immer mehr zurück. Unser Sohn und seine Familie scheinen das nicht mitzubekommen, denn ihr Verhalten ändert sich nicht. Wie viel Entbehrungen und Einschränkungen mussten meine Frau und ich auf uns nehmen, um unserem Sohn das lange Studium zu ermöglichen. Es kommt niemals ein Dank – auch früher nicht, als er noch im Studium war. Für ihn scheint all das Gute und Fördernde, das er durch uns erfahren hat, ganz selbstverständlich zu sein.

Es schmerzt meine Frau und mich sehr, und es ist wie ein Zwang, der unsere Herzen einengt und sich unserer bemächtigt. Wie ist es nur möglich, dass unser eigener Sohn das Leid und den Schmerz seiner Eltern nicht einsieht und auf uns keine Rücksicht nimmt? Unsere Sehnsucht, unsere Lebensgeschichte und unsere Wunden berücksichtigt er nicht. Sollen und müssen wir mit dieser Dauerlast älter und älter werden, ohne dass wir zueinander finden? Oft ist es auch zwischen mir und meiner Frau unerträglich, wenn wir uns gegenseitig Vorwürfe machen, indem wir gegenseitig aufzählen, was wir in der Erziehung unseres Sohnes hätten besser machen können. Das darüber Reden nutzt nicht viel: Der Weg gemeinsam mit unserem Sohn zum Leben und zur Liebe ist und bleibt versperrt …«

- Als Seelsorger gab ich ihnen den Rat, »Größe zu zeigen« und die bisher »investierte« Liebe in den Sohn noch so weit zu steigern, dass sie ihn für das ihnen selbst unbekannte Leben ganz freigeben.
- Wird der Sohn älter und reifer, ist die Wahrscheinlichkeit groß, dass er die bisherige wahre Liebe seiner Eltern in ihrer vollen Dimension erkennt.

Vertraue auf die bestmögliche Stunde

Als Dorfpfarrer in Adlum bei Hildesheim bedeutete es für mich eine faszinierende Herausforderung, in regelmäßigen Abständen eine alte Dame zu besuchen, die allein in einem Herrenhaus ihrer Familie lebte. Sie war schon weit über neunzig Jahre alt und hatte all ihre Angehörigen überlebt. Wenn ich einmal im Monat – oder auf Wunsch des Öfteren – kranken und alten Menschen die heilige Kommunion brachte, kam ich zu dieser alten Dame erst am Ende meiner Besuche. So konnte ich den Nachmittag über bei ihr bleiben. Sie reichte Tee und Gebäck und zündete in den Wintermonaten gern eine Kerze oder mehr Kerzen dazu an. Die größte Freude bereitete es ihr, wenn sie über ihren Lieblingsschriftsteller Fjodor Michailowitsch Dostojewskij sprechen konnte – über seine Werke und über sein Leben. Ich staunte jedes Mal über ihre reichen Kenntnisse und ahnte, dass russisches Blut in ihren Adern floss.

»Wann war Ihre erste Begegnung mit Dostojewskij?«, fragte mich sehr interessiert die alte Dame. Ich antwortete ihr, dass ich ungefähr acht Jahre alt war oder ein wenig älter, als ich begann, mich für die Bücher zu interessieren, die in unserem Bücherschrank hinter Glastüren wohlgeordnet nebeneinander und übereinander auf Holzböden standen. »Diese Faszination, die für mich von Büchern ausgeht, ist bis heute geblieben. Damals sprachen mich zuerst die vielen schönen, aber oft auch rätselhaften Abbildungen in den gewaltigen Bänden des Brockhaus an. Nach und nach begann ich dann, die dazu gehörenden Textspalten zu lesen. Es machte mir Freude, selbst wenn ich oft nur wenig davon verstand. Goethe – es standen acht große rote Bände von ihm im Schrank – interessierte mich damals nicht. Aber neben ihm standen einige Werke von Dostojewskij in unterschiedlichen Größen. Es versteht sich, dass ich heimlich an den Bücherschrank ging, wenn ich ganz sicher war, dass meine Eltern zu einem Besuch oder einer Einladung aus dem Haus gegangen waren.

Ich erinnere mich gut, dass meine Mutter einmal erzählte, wie gern sie schon als junges Mädchen Dostojewskij gelesen habe. So ging von diesen Büchern für mich ein ganz besonderer Reiz aus. Ich sehe die Ausgaben noch heute vor meinen Augen: Mehrere Bände der ›Brüder Karamasow‹ in dunkelblauem Leinen, ›Erniedrigte und Beleidigte‹ in einem abgegriffenen braunen Ledereinband mit Goldprägung und ›Aufzeichnungen aus einem Totenhaus‹, ein gebundenes Buch in einem Pappumschlag mit schlechtem gelb-braunen Papier. Vor diesem Buch, es lag wohl an seinem Titel, und daran, dass es schwarz war, hatte ich Angst. ›Die Brüder Karamasow‹ waren zu umfangreich und so blieb für mich die schöne, etwas kleinere Lederausgabe von ›Erniedrigte und Beleidigte‹ übrig. Da Mutters Mädchenname vorn im Buch stand, wusste ich, dass sie es schon lange besaß und bestimmt in sehr jungen Jahren gelesen hatte.

Ja, ich habe lange ausgeholt, um Ihre Frage nach meiner ersten Begegnung mit Dostojewskij zu beantworten. Es war jedes Mal so geheimnisvoll und unerlaubt, wenn ich in ›Erniedrigte und Beleidigte‹ las. Als ich gleich zu Beginn die Geschichte von dem alten Mann und seinem Hund in der Konditorei von Müller in Petersburg gelesen hatte, kam ich nicht mehr los von diesem Buch. Todkrank im Hospital liegend schreibt der Ich-Erzähler, ein erfolgloser Romanschriftsteller, seine Erinnerungen. Der Hund und der alte Mann sterben. Der zurück gebliebenen Enkelin nimmt sich der Erzähler an, doch seine Zuneigung zu ihr bleibt verhalten. Als sie in jungen Jahren stirbt, erfährt der Schriftsteller, dass sie die Tochter eines Fürsten ist, der ihre Mutter betrog und der Armut preisgab … Den weiteren Verlauf der Handlung habe ich vergessen, doch erinnere ich mich, wie dieser ›mein erster Dostojewskij‹ mich damals in seinen Bann zog.«

Die alte Dame hatte mir aufmerksam, ja, sogar gespannt zugehört. Bei ›Dostojewskij‹, ihrer großen Liebe, wurde sie trotz ihres hohen Alters jung und konnte nicht genug von ihm hören und lesen. Sie zeigte mir einige Hörbücher, bedauerte aber, dass sie jeweils nur aus einer Textauswahl bestanden. Auch gefiel ihr das schnelle Tempo nicht, mit der Dostojewskij gelesen wurde.

Die Besuche über die nächsten zwei Jahre waren eine große Bereicherung für mich. Doch schon bald – und das muss ich ehrlich gestehen – waren meine Dostojewskij-Kenntnisse erschöpft, sodass ich mich vor jedem weiteren Besuch ein wenig vorbereitete. Als mir dies jedoch aus zeitlichen Gründen wiederholt nicht möglich war, spürte ich, welch großes Anliegen es der alten Dame war, ihr literarisches Wissen an mich weiterzugeben. Sie spürte und wusste in ihrem hohen Alter, dass ihre Erwartung an das Leben nur mehr eine begrenzte Zeit ausmachte. Daher begann sie immer häufiger über das Sterben und den Tod zu sprechen. In ihrer klaren und zielbewussten Art hatte sie alles, was nach ihrem Tod geschehen sollte, genau festgelegt. Die Erbangelegenheiten und das Verhältnis zu ihren erbenden Nichten und deren Kindern spielten zum Glück keine Rolle in unseren Gesprächen, die mehr und mehr von der Kraft des Glaubens, der Todüberwindung und der Auferstehung erfüllt waren.

Ich hatte damit gerechnet, dass die alte Dame mich eines Tages fragen würde, ob ich um den Tod Dostojewskijs wisse. Als ich verneinte, fühlte sie sich in ganz besonderer Weise dazu aufgefordert, mir von Dostojewkijs letztem Lebensjahr und seinem Tod zu erzählen. Es wirkte auf mich wie eine Abrundung all unserer Gespräche, und ich musste, während sie sprach, immer wieder an ihren eigenen Tod denken, der sich vielleicht schon durch ihre Worte ankündigte.

In Petersburg vollendete Dostojewskij dann unter hoher Anstrengung seinen letzten Roman »Die Brüder Karamasow«. In einem Brief beklagt Dostojewskij sich, dass er nicht einmal Zeit fände, sich mit seinen Kindern zu unterhalten. Zeitweilig quälte ihn große Atemnot, denn aus dem Katarrh der Atmungsorgane hatte sich ein unheilbares Emphysem gebildet. Auch traten infolge der angespannten Arbeit seine epileptischen Anfälle wieder auf.

Im Dezember 1880 erschien dann »Die Brüder Karamasow« als Buch. Das Echo war groß! Dostojewskij wurde sogar von der Zarenfamilie in ihr Schloss eingeladen, um aus seinem letzten Werk zu lesen. Das Jahr 1881, sein Todesjahr, begann gut. Dostojewskij schrieb äußerst engagiert an seinem Tagebuch weiter. Wie immer arbeitete er auch am 25. Januar bis spät in die Nacht. Plötzlich fiel ihm sein Federhalter zu Boden. Um ihn greifen zu können, musste er ein schweres Bücherregal zur Seite rücken. Dabei überanstrengte er sich so, dass eine Lungenarterie geplatzt und ein Blutsturz eingetreten war. Als sich am folgenden Tag der Blutsturz wiederholte, bat er seine Frau, einen Priester zu rufen. Er führte ein langes Beichtgespräch und empfing die Kommunion. Als der Geistliche gegangen war, rief er seine Kinder zu sich und bat seine Frau, aus der Bibel die Geschichte vom verlorenen Sohn vorzulesen. Mit geschlossenen Augen hörte er aufmerksam zu und sagte am Ende mit diesen oder ähnlichen Worten zu den Umstehenden: »Vergesst diese Worte niemals, die eure Mutter eben gelesen hat. Vertraut auf Gott und zweifelt nicht an seiner Barmherzigkeit. Meine Liebe zu euch – und ihr wisst: ich liebe euch sehr – ist gering im Vergleich zu der unendlichen Liebe Gottes zu euch und allen Menschen.«

Der Gesundheitszustand Dostojewskijs verschlechterte sich mehr und mehr. Alle Bemühungen der Ärzte waren vergeblich. Zwei Tage später, am 28. Januar, sagte er morgens zu seiner Frau: »Zünde die Kerzen an und bring mir das Evangelium, denn es ist mir in den letzten Stunden klar geworden, dass ich heute sterben muss.« Er liebte diese Ausgabe, die ihm von russischen Frauen auf seinem Weg ins Zuchthaus von Tobolsk zugesteckt wurde. Als er wieder in Freiheit war, lag diese Bibel immer auf seinem Schreibtisch. Hatte er Zweifel, schlug er sie auf und las, was auf der zufällig aufgeschlagenen Seite stand. So handhabte er es auch jetzt und bat seine Frau, ihm die Stelle vorzulesen: »Jesus aber antwortete und sprach zu ihm: Haltet mich nicht zurück! Denn es geziemt uns, das Wort des Herrn zu erfüllen.«

»Hast du es gehört?«, sagte er zu seiner Frau. »Halte mich nicht zurück. Heißt das nicht klar und eindeutig, dass ich sterbe?« Wie seine Frau in ihren »Erinnerungen« berichtet, blieb sie ständig bei ihm. Sein friedliches Gesicht gab zu erkennen, dass der Tod nichts Schreckliches für ihn hatte. Zwei Stunden vor seinem Abschied aus dieser Welt reichte Dostojweskij seinem Sohn Fedja die Bibel. Es war abends um halb neun Uhr, als er entschlief. Der barmherzige Gott erlaubte es ihm, der während seines gesamten Lebens so maßlos gelitten hatte, schmerzlos ins Jenseits hinüberzugehen.

Ich spürte, wie ergriffen die alte Dame war, und wagte nicht, die jetzt eintretende Stille durch Worte zu zerstören. Nach einer Weile sagte sie: »Zu einem so tiefen Gottvertrauen hatte Dostojewskij sich nach vielen harten Prüfungen durchgerungen. Ich bin fest davon überzeugt – wie es auch Dostojewskij war –, dass der Tod und auch die Umstände, die ihn herbeiführen, nicht einem blinden Zufall überlassen bleiben, sondern von Gott her gefügt werden. Der Tod eines Menschen fällt immer in eine Stunde, die die bestmögliche ist, um sein Leben abzuschließen. Gebe mir Gott, dass auch ich dem Tod in einer solchen inneren Unbekümmertheit begegnen darf. Rückblickend auf das Leben Dostojewskijs darf ich vielleicht noch sagen, dass vier Elemente des Glaubens für ihn besonders wichtig waren. Die Bibel war für ihn eine Quelle, aus der er lebte und Kraft schöpfte. In den ›Brüdern Karamasow‹ schreibt er: ›Mein Gott, was ist das für ein Buch und was sind das für Lehren!‹ Er lobt die Kraft, die mit diesem Buch den Menschen gegeben ist. Zum Gebet, das für ihn ebenso wichtig war, zog er sich gern zurück und gedachte immer der Sterbenden und Verstorbenen. Auch die Beichte hatte für Dostojewskij einen hohen Stellenwert. Er beichtete aufgrund seines tiefen Glaubens an Gottes unendliche Barmherzigkeit. Und das vierte Element war für ihn die Liebe, aus der der Glaube an das Dasein Gottes und an die Unsterblichkeit des Menschen erwächst.

Durch Bibellesung, Gebet, Beichte und tätige Nächstenliebe schenkte sich Dostojewskij die Berührung mit anderen Welten, in die er sich immer tiefer verwurzelte.«

Einige Wochen nach diesem Besuch im Haus der alten Dame schellte morgens bei mir das Telefon. Es meldete sich ganz aufgeregt ihre Hausdame und sagte, ich möge doch so schnell wie möglich kommen, es wäre etwas Schreckliches passiert. Zur gleichen Zeit mit mir fuhr der Arzt auf den Hof. Als wir zusammen in das Esszimmer traten, sahen wir die alte Dame, wie sie mit dem Oberkörper, den Armen und dem Kopf auf dem Esstisch lag. Die Kaffeetasse war umgestoßen und der Kaffee als großer brauner Fleck auf dem Tischtuch verschüttet. Der Arzt sagte leise zu mir: »Sie ist tot.« Zusammen hoben wir sie auf und trugen sie auf ein Kanapee. Während der Arzt sie untersuchte, schaute ich mich um und sah auf ihrem Frühstückstisch das aufgeschlagene Buch der Erinnerungen von Dostojewskijs Frau Anna Grigorjewna.

Bei der Trauerfeier – der Sarg stand während des Requiems vor dem Altar – waren viele Verwandte der alten Dame anwesend. In der Predigt, die sich auf ihr Leben, ihren Glauben und ihre Todesahnung bezog, sprach ich auch von ihrer großen Liebe zu Dostojewskij und beendete sie mit dem Bericht vom Tod dieses größten russischen Schriftstellers und den Worten der alten Dame, dass die Zeit und die Umstände des Todes nicht einem blinden Zufall überlassen sind, sondern von Gott her gefügt werden, sodass die Todesstunde die bestmögliche ist, um das Leben abzuschließen.

Angst vor dem Sterbevorgang überwinden

Von den Söhnen meines Urgroßvaters blieb nur einer in Rheine, um das elterliche Geschäft zu übernehmen: Heinrich Josef, mein Großvater, der 1863 geboren wurde. Schon früh wurde er von seinem Vater, der nicht nur Mitgründer, sondern auch Mitglied des Kuratoriums des Mathias-Spitals in Rheine war, in das Krankenwesen eingeweiht. Mit vierundzwanzig Jahren übernahm Großvater ehrenamtlich die Rendantur des Krankenhauses, die er vierzig Jahre lang innehatte, das heißt genau bis 1927, als das Mathias-Spital an der Frankenburgstraße neu gebaut wurde. Die Bettenzahl des alten Krankenhauses reichte für Rheine und die Umgebung schon lange nicht mehr aus. Großvater blieb bis zu seinem Tod am 16. Februar 1954 Mitglied des Kuratoriums.

Ich erlebte Großvater als alten vornehmen Herrn, als Patriarchen, dessen Tagesablauf und Leben sich nach ganz bestimmten wiederkehrenden Rhythmen vollzog. Er hatte in der Familie alles in der Hand und bestimmte sogar, wer wie viele Walnüsse bekam, wenn sie im Oktober reif waren und vom hohen Baum hinter dem Haus herabfielen und mit einem Knall auf den Boden schlugen.

Ein Thema war in seiner Gegenwart absolut tabu: das Sterben.

Obwohl meine Eltern mit meiner Schwester und mir fünf Jahre nach dem Krieg im gleichen Haus mit den Großeltern lebten, sprach Großvater selten mit mir. Da er mir so mächtig schien, ging ich ihm aus dem Weg und wich ihm aus, wenn ich ihn sah. Bei meiner um fünf Jahre jüngeren Schwester war die Beziehung zu ihrem Großvater eine völlig andere. Sie besuchte ihn fast täglich in seinem Zimmer. Und für sie unterbrach er sogar all seine Tätigkeiten, die er gerade ausführte, wenn sie unangemeldet zu ihm kam. Er gab seinen Mittagsschlaf auf oder unterbrach ihn, er legte die Zeitung oder ein Buch zur Seite, ebenso die Geschäftsbücher, die er bis in sein hohes Alter eigenhändig führte, und die Bilanzen, die er monatlich und dann für das entsprechende ganze Geschäftsjahr erstellte. Selbst die schwierigen und komplizierten Integral- und Differenzialaufgaben, die er dicken schwarzen Mathematikbüchern entnahm, um sie mit Ehrgeiz und Leidenschaft zu lösen, ließ Großvater liegen, wenn meine Schwester sein Zimmer betrat. Freudestrahlend und immer mit ein wenig Gewinn kam sie zurück in unsere obere Wohnung.

Als mein Großvater sechs oder sieben Jahre alt war – es muss um 1869 gewesen sein –, hatte er ein Erlebnis, das sein ganzes weiteres Leben beeinflusste. Er nahm an der Beerdigung eines Onkels teil. Ob diese Beerdigung in Haren oder in Rheine auf dem Friedhof an der Salzbergener Straße, wo es ein großes Familiengrab gibt, stattfand, vermag ich nicht zu sagen. Als Großvater immer älter und ich erwachsener wurde, nahm mein Vater mich eines Tages zur Seite und erzählte mir, was bei dieser Beerdigung geschah. Als der Sarg mit dem verstorbenen Onkel heruntergelassen und auf dem Boden des Grabes abgesenkt wurde, vernahm die umstehende Trauergesellschaft seltsame und unerklärliche Geräusche, die vom Sarg her zu kommen schienen.

Auf Geheiß des Pfarrers zogen die Träger den Sarg wieder hinauf und man machte sich daran, ihn zu öffnen. In der Aufregung und Erwartung dessen, was nun geschehen sollte, dachte niemand daran, den kleinen Heinrich Josef außer Sichtweite zu bringen. So wurde er unwillkürlich Zeuge dieses außergewöhnlichen Geschehens der Rettung und Wiederbelebung seines scheintoten Onkels, der nach dem Schock des vermeintlichen Todes noch einige Jahre leben durfte.

Das Entsetzen der Umstehenden und natürlich das Ereignis selbst müssen bei meinem Großvater einen so tiefgreifenden Eindruck und Angst vor dem Tod hinterlassen haben, dass er zeit seines Lebens nicht mehr davon loskam. Er selbst hat später in seiner eigenen Familie niemals mehr darüber gesprochen, aber gewusst haben es alle.

Vier Jahre nachdem wir ausgezogen waren – Vater hatte ein eigenes Haus gebaut und somit Verwandten im Haus meiner Großeltern Platz gemacht – hieß es, Großvater wolle sterben. Ich wunderte mich über diese seltsame Ausdrucksweise, die durchaus nicht zum Leben meines Großvaters passte. Wie mir Mutter in einem vertrauten Gespräch sagte – sie hatte gleich meiner Schwester einen vertrauten Zugang zum Herzen meines Großvaters –, sei es ihm schon mehrmals in seinem Leben gelungen, den bei ihm anklopfenden Tod barsch und energisch zurückzuweisen. Doch jetzt, da er schon über neunzig Jahre alt sei, habe er dazu weder die Kraft noch sei er willens. Ihm bliebe jetzt nichts anderes übrig, als seinen eigenen Tod bejahend anzunehmen.

Täglich, oft sogar zweimal und auch nachts, ging Mutter in das Haus meiner Großeltern, um Großvater in seinem harten, unerbittlichen und überaus angstbesetzten Todeskampf beizustehen. Nun wurde dieses angstbesetzte Wort ausgesprochen.

Für diese liebende Nähe von Mutter – in ihrer Liebe verströmenden Offenheit war sie eine Meisterin – drückte Großvater, bevor sein Kampf mit dem Tod noch extremere Ausmaße annahm, Mutter als Dank einen Scheck in die Hand, der – ich habe es niemals genau erfahren – eine größere Summe auswies. Doch erinnere ich mich genau daran, wie Mutter zu Hause vor den entsetzten Blicken meines Vaters, der sie daran hindern wollte, es aber so schnell nicht vermochte, den Scheck in kleine, ja, kleinste Stückchen zerriss.

Großvater musste Anfang Februar 1954 entsetzlich leiden, psychisch, und das dauerte ungefähr eine ganze Woche. Ich habe ihn nicht mehr gesehen und gehört, denn Kinder sollten jetzt nicht mehr in das so belastete Haus meiner Großeltern kommen. Obwohl er keine akuten körperlichen Schmerzen hatte, wehrte sich Großvater mit all seinen aufbegehrenden Kräften gegen das Herannahen seines Todes. Nachdem Vater sich von seinem Vater verabschiedet hatte, sagte er nicht viel, sondern hielt sich zurück. Mutter hingegen stand ihrem so äußerst schwer sterbenden Schwiegervater sowohl psychisch als auch durch ihre Anwesenheit bis zu seinem letzten Atemzug bei und noch darüber hinaus.

Obwohl Mutter keine gelernte Krankenschwester war, hatte sie sich doch während des Zweiten Weltkriegs dem Deutschen Roten Kreuz zur Verfügung gestellt, um vornehmlich kranken und sterbenden Soldaten, die im Mathias-Spital lagen, seelisch beizustehen und, wenn möglich, ihre letzten Wünsche zu erfüllen. Sie hatte bei ihrem Dienst von schwersten und traurigen Schicksalen erfahren, mitgelitten und Todeskämpfe mitansehen und mittragen müssen. Doch sagte sie später, eine solche Abwehr gegen den Tod und eine solch unendlich überwältigende Angst, wie sie sie bei Großvater erlebt habe, sei ihr bei ihrer gesamten Sterbebegleitung bisher nicht begegnet. Erst jetzt erfuhren wir von der fast lebenslangen Angst des Großvaters, die auf einer unglaublichen, aber wahren Begebenheit beruhte.

Infolge des sein gesamtes Leben bestimmenden Scheintod-Erlebnisses in seiner frühen Jugend hat Großvater zwar zeitweilig Gedanken an den eigenen Tod verdrängen können und seine wahre tiefgreifende Angst nicht wahrhaben wollen, doch am Ende seines Lebens wurde er gezwungen, die maßlose Angst auszuhalten und über sich ergehen zu lassen und im langsamen Sterben den Tod anzunehmen.

Nach dem 16. Februar, dem Tag von Großvaters Abschied aus diesem Leben, trat tiefe Stille, dankbares Aufatmen und unsagbarer Friede in das Haus meiner Großeltern ein. Großmutter war völlig erschöpft von all der Anstrengung, die auch sie durchmachen musste. Als ich das Haus wieder betreten durfte, um zusammen mit meinen Eltern in Ruhe und betend Abschied von Großvater zu nehmen, sah sie in ihrem schwarzen Kleid befremdend und um Jahre gealtert aus. Großvater lag aufgebahrt in seinem Arbeitszimmer, das ich früher nur selten betreten hatte. Es wirkte jetzt auf mich hell und überdimensioniert groß. Und in seiner stillen Mitte das friedliche und schlafende Gesicht von Großvater, die Augen waren geschlossen und Sanftmut ging von ihm aus, ein ruhiger und beruhigender Friede, der es mir leicht machte, zu verweilen und zu schauen.

Und plötzlich entdeckte ich an ihm etwas Sonderbares: Über den gefalteten Händen – Großvater praktizierte lebenslang sein katholisches Christsein – sah ich, dass seine beiden Handgelenke mit Binden umwickelt waren.

Später, im Auto oder zu Hause, als wir wieder unter uns sprechen konnten, fragte ich Vater nach dieser meiner sonderbaren Beobachtung. »Du weißt doch, Großvater hatte sein ganzes Leben lang entsetzliche Angst, nicht vor dem Sterben und gar dem Tod, sondern davor, lebend beerdigt zu werden. Um sicherzugehen und die Möglichkeit eines Scheintodes auszuschließen, traf er sowohl testamentarisch als auch praktisch Vorsorge und verfügte, dass ein Arzt ihm nach seinem Tod beide Pulsadern öffnet, um festzustellen, dass Blut und Wasser aus ihnen fließt. Dieses sichere Zeichen des eingetretenen Todes musste Großvater aus dem Johannesevangelium bekannt sein, in dem es heißt, dass die Soldaten in die Seite Jesu stießen und seinen endgültigen Tod bestätigt sahen, als Blut und Wasser aus der seiner Seite flossen.

Du weißt doch, dass einmal in der Woche Großvaters Freund zu ihm kam, Dr. Valentin Dumpert, der Chirurg und Chefarzt vom Mathias-Spital. Sie haben bei einem Glas Wein dringende Angelegenheiten des Krankenhauses besprochen und sich darüber hinaus auch als Freunde persönlich unterhalten. Dr. Dumpert wusste, was er nach Großvaters Tod zu tun hatte, und als aus den Pulsadern Blut und Wasser flossen, traten nach diesen entsetzlichen Todeskämpfen in das Haus und bei uns allen tiefer Friede und Erlösung ein.«

Manchmal denke ich darüber nach, warum Großvater für sich und seine Familie eine Grabstätte errichtete, die ausgemauert und durch eine Treppe begehbar ist, warum er vierzig Jahre lang die Bücher für das Mathias-Spital ehrenamtlich führte und bis zu seinem Tod Mitglied im Kuratorium war und den Chefarzt, einen Chirurgen, zum Freund hatte. Der Frieden im Älterwerden war meinem Großvater nur möglich, weil er zu Lebzeiten über seine Ängste vor dem körperlichen Sterbevorgang mit einem Menschen sprach, dem er voll vertraute.

Liebe darf man nicht an Ketten legen

»Nach dem frühen Tod meines Mannes – er war 47 Jahre alt – veränderte sich mein Leben drastisch. Erst später wurde mir klar, was er mir alles abgenommen und wie er mich vor den Rauheiten des Lebens bewahrt hat. Ich fühlte mich hilflos und allein. Unsere einzige Tochter war noch im Studium, und da sie ihr Endexamen machte, kam sie nur sehr selten nach Hause. Wenn sie aber kam, nahm ich mich sehr zusammen und ließ sie meine tiefe Traurigkeit nicht spüren. Manchmal wusste ich nicht, ob ich den nächsten Tag bestehen würde. Mein inneres Rufen nach meinem Mann wurde zwar nicht erhört – es ergab sich jedoch für mich eine wunderbare Lösung. Meine Tochter – wie sie mir später sagte – bemerkte meine seelische Not und tat nach ihrem Examen alles, damit sie in unserer Stadt eine Anstellung bekam. Sie wohnte zu Hause und sorgte für mich, wo sie nur konnte. Auch konnten wir ungehindert und oftmals lange über ihren Vater und meinen verstorbenen Mann sprechen. Ich fühlte mich entlastet und bestätigt.

Eines Tages jedoch offenbarte sie mir, sie habe einen Freund und wolle zu ihm nach Berlin ziehen.

Sie habe mir nicht eher etwas gesagt, um mir nicht wehzutun. Ich schwieg. Als ich Gerhard kennenlernte, war ich entsetzt. Ich konnte nicht anders – ich musste es meiner Tochter sagen. Heute bereue ich es sehr, denn von diesem Zeitpunkt an hat sie sich von mir entfernt. Ich bin jedoch noch einen Schritt weitergegangen und habe bei meinen Verwandten und Bekannten schlecht über ihn gesprochen. Ich musste mir einfach Luft machen, sonst wäre ich daran erstickt.

Viele kannten Gerhard bereits durch meine Tochter und empfanden eine ähnliche Abneigung wie ich. War das eine Wohltat, Gleichgesinnte zu finden, die ebenso entsetzt über die Wahl meiner Tochter waren wie ich! Es gab seinerzeit nichts Befriedenderes für mich, als mit anderen abfällig über Gerhard zu sprechen: seine Herkunft und Erziehung, sein Benehmen, seine Art zu sprechen und Witze zu machen. Aber jetzt lebe ich in einem noch größeren Unfrieden mit mir selbst als in der Zeit nach dem Tod meines Mannes. Ich habe Angst, nun im Alter allein zu sein.«

Ich empfahl der alten Dame, ein offenes Gespräch mit ihrer Tochter zu führen, ehrlich zu sein und um eine Chance für einen neuen Anfang mit dem Schwiegersohn zu bitten.

Differenzen beilegen, bevor es zu spät ist

Selten habe ich es erlebt, dass Menschen ihre eigene Beerdigung vorbereiten, Texte und Lieder festlegen und so detailliert ihre Wünsche festlegen, dass es letztlich auch für den Priester keine Wahlmöglichkeit mehr gibt. In den meisten Fällen frage ich bei den Seelsorgegesprächen vor der Beisetzung die Angehörigen, welches Evangelium, welche Gebete, welche Lieder und welche Musik der Verstorbene besonders schätzte und ob er bestimmte letzte Wünsche hatte. Oft ist Ratlosigkeit die Antwort, und ich werde gebeten, die Trauerfeierlichkeiten so zu gestalten, wie ich es für richtig erachte.

Wie hilfreich ist es dagegen, wenn der Verstorbene konkrete Angaben zu seiner Beerdigung gemacht hat. Ich erlebe es dankbar bei älteren Menschen, die ein religiöses Leben gelebt haben, aber auch bei Menschen, die sich zeitweilig oder gar ihr ganzes Leben schwer mit der Religion und ihrem Glauben auseinandergesetzt haben. Gelingt es mir, geäußerte Wünsche umzusetzen und zu erfüllen, spüre ich während der Vorbereitungen und der Trauerfeier eine ganz andere Präsenz des Verstorbenen. Dabei kann ich mich und meine Anliegen wunderbar zurücknehmen, um

den Wünschen des Verstorbenen und eventuell auch denen seiner Familie weitaus mehr entgegenzukommen.

Als ich in der Bischöflichen Bildungsstätte »Haus Cassian« im Weserbergland tätig war, konnte ich häufig während der Woche Priestern der umliegenden Gemeinden helfen. So bat man mich oft, neben dem Lesen von heiligen Messen auch Beerdigungen zu übernehmen. Bedauerlich war es jedoch, dass ich als fremder Priester die Verstorbenen und ihre Angehörigen nicht persönlich kannte. In einem der Beerdigung vorausgehenden Besuch versuchte ich jedoch, diese Kluft zu überbrücken. Wie dankbar war ich jedes Mal, wenn vonseiten der Familie bestimmte Vorgaben gemacht wurden.

Da meine Kurse vornehmlich am Freitagmittag begannen, konnte ich am Vormittag noch eine Begräbnisfeier übernehmen. Dies war häufig der Fall, wenn der Ortsgeistliche weitere Verpflichtungen hatte. Eine Ordensfrau aus einem süddeutschen Kloster rief mich an und fragte, ob ich ihren Vater auf dem Waldfriedhof Wehl in Hameln beerdigen könne. Ich sagte ihr zu und traf mich mit ihr zu einem Gespräch. Alles war von ihrem Vater, der mit 86 Jahren gestorben war, sorgfältig vorbereitet. Leider konnte ich ihn nur auf einem Foto sehen, denn obwohl er zu Hause gestorben war, hatte man ihn schon drei Tage vor der Beerdigung abgeholt. Der alte Herr war in Schlesien geboren, musste nach dem Krieg in den Westen fliehen, wo er seine Frau heiratete, die schon sehr früh verstarb. Sie hatten zwei Kinder – eben diese Ordensfrau und einen Sohn, den ich in der Friedhofskapelle vor der Beerdigung kennenlernte.

Hinter einem großen roten Vorhang auf einer Bühne stand der Sarg mit einem üppigen Blumengesteck und einigen Kränzen. Die wenigen Menschen verloren sich in der großen Friedhofskapelle. Die sonst so angenehme Kühle war der Sommerhitze gewichen. Ein paar Plätze waren besetzt – ganz vorn vor dem Rednerpult. Ich sah die Ordensfrau mit ihrem Bruder und der Schwägerin und hinter ihnen einige Fremde, vielleicht Nachbarn oder Bekannte. Nähere Verwandte gab es nicht. Ich ging zum Rednerpult und im gleichen Augenblick wurde der rote Vorhang geöffnet. Ich brauchte ein wenig Stille, um diesen vordergründigen Moment anzunehmen. Nach dem Kreuzzeichen und einführenden Worten zum Leben des verstorbenen Vaters trug ich die Lesung vor. Von seinen Kindern wollte niemand diesen Dienst übernehmen, was ich allerdings erst später verstand.

Lesung aus dem Buch Ijob:

Da entgegnete Ijob und sprach: Ich aber weiß: mein Löser lebt, selbst wenn er sich als Letzter aus dem Staub erhebt. Ohne meine Haut, die so geschundene, und ohne mein Fleisch werde ich Gott schauen. Ich selber werde ihn dann schauen, ihn werden meine Augen sehen und kein Fremder. Danach sehnt sich mein Herz in meiner Brust (Ijob 19,1.25–27).

Beim Evangelium standen alle auf. Meine Erhöhung durch das Rednerpult war mir unangenehm. Ich las den ersten Teil des Nachtragsevangeliums des Johannes. Zum dritten Mal offenbarte sich Jesus, seit er von den Toten auferstanden war. Als der Morgen dämmerte, stand Jesus am Ufer des Sees von Tiberias. Die Jünger, die in dieser Nacht nichts gefangen hatten, erkannten ihn nicht von ihrem Boot aus. Jesus schaut vom Ufer aus in das Lebensschiff eines jeden und fragt: »Meine Kinder, habt ihr nicht etwas zu essen, etwas, von dem man leben kann in der jenseitigen und zukünftigen Welt?«

Während ich versuchte, die Worte auf das Leben des Verstorbenen hin auszulegen, schaute ich seine Kinder an und bemerkte, wie der Sohn ein immer finstereres Gesicht bekam, ja, sogar einen bösen Ausdruck an den Tag legte, während ich den beiden Frauen ansah, dass sie aufmerksam und gespannt zuhörten. Hatte ich etwas falsch gemacht? Das Wort Gottes, das ich in die Auslegung immer wieder mit hineinnahm, gab mir jedoch Sicherheit und die Kraft, Begonnenes zu Ende zu führen. Ich brachte die Hoffnung und die Bitte zum Ausdruck, dass vom Auferstandenen her auch unsere Netze des ewigen Lebens gefüllt werden. Und am Ende sprach ich vom Wunder der letzten großen Verwandlung, vom Wunder der Fülle, an dem ein jeder Einzelne von uns beteiligt ist. Das sich hier offenbarende Geheimnis Jesu ist schenkende Güte

Gottes in überwältigender Fülle, denn er möchte jedes Leben zu einem erfüllten Leben führen.

Trotz der aus den Worten des Evangeliums sprechenden Hoffnung für jeden Menschen heiterten sich die Gesichtszüge des Sohnes nicht auf – im Gegenteil: Sie verfinsterten sich umso mehr. Ich sah und empfand, dass es keine Trauer, sondern Bitterkeit oder gar Verbitterung war. Diese Atmosphäre legte sich schwer auf meine Seele und ich musste regelrecht mit mir kämpfen, dass ich mich nicht selbst als Auslöser und Schuldigen sah.

Der Weg von der Friedhofskapelle bis zum Grab war lang, und ich fühlte mich bei der brennenden Sommerhitze und unter der schwarzen liturgischen Kleidung recht unwohl. Aber es war wohl eher die Seele, welche die erlebte Störung nicht einordnen konnte. Bei der Begräbniszeremonie hielt ich mich innerlich ganz an den Verstorbenen und empfand bei meinem Tun und bei meinen Worten inneren Frieden. Als ich nach dem Schlusssegen den Angehörigen die Hand gab, um mein Mitgefühl für den verstorbenen Vater auszudrücken, hielt sich sein Sohn zurück, ohne mir die Hand zu reichen. Traurig – jedoch nicht über den Tod des alten Herrn – ging ich zum Umziehen zurück in die Sakristei der Friedhofskapelle und fuhr nach Hause.

Noch am gleichen Tag rief mich die Ordensfrau, die Tochter des Verstorbenen, an, bedankte sich für die würdige Feier zum Abschied ihres Vaters, für die persönlichen Worte und die Glaubensunterstützung, die sie empfangen habe. Dann sprach sie von ihrem Bruder – für mich das Wesentliche. Aufmerksam und gespannt hörte ich hin. »Sie kennen meinen Bruder nicht, sonst hätten Sie bemerkt und verstanden, wie tief ihn alles getroffen hat. Ich habe Ihnen bei unserem Gespräch eines nicht gesagt: Mein Bruder ist Priester, hat aber geheiratet und kann somit sein Priesteramt nicht mehr ausführen, was ihn – ohne dass er darüber spricht – sehr schmerzt. Er geht auch nicht in die Kirche, um diese Wunde nicht immer neu aufzureißen. Im Grunde ist er sehr unglücklich, gibt es aber seiner Frau zuliebe nicht zu.

Ich möchte nicht wissen, was er heute beim Abschied unseres Vaters innerlich alles an Schmerzen durchgemacht hat. Für Vater, der in Schlesien als gläubiger und frommer Mensch aufwuchs, war es der größte Schock seines Lebens, als er erfuhr, dass sein Priestersohn das Amt aufgeben und heiraten wollte. Diesen Schmerz, von dem er sagte, dass er größer sei als der frühe Verlust unserer Mutter, hat er in seinem ganzen Leben nicht überwunden und nun mit hinübergenommen in die Ewigkeit. Auch während seiner Krankheit und vor seinem Tod hat er mit meinem Bruder nicht mehr darüber gesprochen. Sie sind beide – jeder in seinem eigenen Schmerz – auseinandergegangen.

Ich musste Ihnen das einfach sagen, damit Sie die tieferen Zusammenhänge einsehen und verstehen, warum mein Bruder so aufgewühlt war. Darf ich Sie bitten, für meinen Bruder zu beten, dass er endlich innerlich bei sich selbst ankommt – aber auch für seine Frau, der er das Leben oft sehr schwer macht?«

Wünsche für den Abschied

Ältere Menschen sollten so bald wie möglich schriftlich ihren letzten Willen kundtun und auch Verfügungen treffen, die von den Ärzten anerkannt und respektiert werden müssen. Zu ihrer eigenen Zufriedenheit sollten ältere Menschen ebenfalls ihre Wünsche für ihre Trauerfeier und ihre Beerdigung kundtun.

Zusammen mit ihrer Tochter führte sie ein kleines Café in Kevelaer, einem Marienwallfahrtsort am Niederrhein. In diesem besonderen Ort durfte ich vier Jahre lang Wallfahrts- und Krankenhausseelsorger sein. Das Café lag an der Straße, die zum Krankenhaus führte. Da ich oft in der Nacht, sehr früh am Morgen und auch tagsüber zu Sterbenden gerufen wurde, war es mir nicht möglich, mit einem geregelten Tagesablauf zu leben. So kam es häufig vor, dass ich auf meinem Weg vom Krankenhaus zu meiner Wohnung oder zur Kirche in eben diesem Café Halt machte, meinen geliebten schwarzen Tee trank und dazu ein Käsebrötchen aß.

Zu beiden Damen entwickelte sich im Laufe der Zeit ein herzlicher Kontakt – besonders zu der älteren Dame, die weit über 80 Jahre alt war. Sie setzte sich jedes Mal zu mir an den Tisch und freute sich, wenn ich mir Zeit nahm, mit ihr zu sprechen. Sie hatte in ihrem Leben so viel Unausgesprochenes angehäuft, dass es ihr wohltat, mit mir darüber zu sprechen. Wir freuten uns beide, wenn wir uns begegneten. Sie sprach neben ihren Sorgen und ungelösten Problemen auch über viele freudige Stationen in ihrem Leben, worüber sie sehr dankbar war. Sie hatte einen überzeugenden und tiefen Glauben, der ihr in allen Lebenssituationen Halt und Zuversicht gab.

Eines Tages musste die alte Dame wegen eines akuten Herzversagens plötzlich ins Krankenhaus eingeliefert werden. Ich hatte Zugang zur Intensivstation und konnte sie somit täglich besuchen. Trotz der Nähe des Todes – die Ärzte hatten alle Hoffnung aufgegeben – strahlte diese Frau einen tiefen Frieden, ja, sogar eine ansteckende Heiterkeit aus. Sie wusste um ihren nahen Tod, und es war ihr ein großes Bedürfnis, ganz offen über den Abschied aus dieser Welt zu sprechen. Die Implantation eines Herzschrittmachers und andere lebensverlängernde Maßnahmen hatte sie schriftlich schon einige Jahre zuvor abgelehnt.

Trotz der persönlich unterschriebenen Verfügungen versuchten die Ärzte, eine Zustimmung von der Tochter zu bekommen, einen Schrittmacher einzusetzen. Als diese sich dem Rat und den Empfehlungen der Ärzte zu öffnen begann, las ich ihr die eindeutige Verfügung ihrer Mutter vor, und ich konnte ihr von zusätzlichen Wünschen berichten, die ich in letzter Zeit von ihrer Mutter erfahren hatte.

Die Krankensalbung und die letzte Wegzehrung, die ich der alten Dame reichen durfte, wurden zu einem Fest des Abschieds. Die Clemensschwestern aus Münster betreuten das Marienhospital in Kevelaer und unterstützen jeden Empfang der Sakramente. Zwei Schwestern waren nach einem persönlichen Beichtgespräch und der Lossprechung anwesend, als ich der Kranken die Kommunion und die Krankensalbung spendete. Alles ging so wunderbar folgerichtig und stimmig ineinander über.

Als der Tod sich näherte, wurde ich auf ihren Wunsch hin gerufen. Ihre Tochter und einige Verwandte hatten sich um das Sterbebett versammelt. Die Blicke der Sterbenden sagten mir, alles zwischen uns sei ausgesprochen und ich könne schweigen, was ich als sehr wohltuend empfand. Die Verwandten jedoch konnten ihre Hilflosigkeit und Aufregung nicht verbergen. Ich hatte den Eindruck, dass sie der Sterbenden durch ihr Verhalten, ihre Worte und Tränen wie auch durch die eigene Angst vor dem Tod den Abschied sehr erschwerten. Ich musste mich sehr zurücknehmen, um nicht einzugreifen. Die ältere Dame starb in Würde, in Ruhe und tiefem Frieden. Sie hielt in ihrer Rechten die Hand ihrer Tochter und in der Linken die meine.

Über die Erzählungen hinaus ...

Die wahren Erzählungen möchten Ihnen verdeutlichen, durch welches oft unbedachte Fehlverhalten sich Menschen selbst immer wieder der Gnade des Älterwerdens in Würde und Gelassenheit berauben.

Wir selbst haben es alle in der Hand, in Dankbarkeit für das uns geschenkte Leben, in der richtigen Einstufung aller weltlichen Materie und im Vertrauen auf Gott unser Älterwerden als Eröffnungsprozess auf den Weg zu Ihm zu gestalten.

Wie es einen Anfang und die Mitte des Lebens gibt, so erwartet uns auch ein irdisches Ende. Um jedoch zu einem guten Ende zu kommen, heißt es, einiges zu bedenken und zu beachten.

Vielleicht helfen Ihnen die folgenden Impulse, einiges zu bedenken oder zu regeln, was Ihnen das Älterwerden leichter macht, damit Sie diesen Teil Ihres Lebens zuversichtlicher begehen.

- Je stärker der von Liebe und Hoffnung begleitete Glaube ist, umso geringer ist die angstvolle Unruhe vor dem Alter und dem Tod.
- Nichts ist für den Menschen so beängstigend, dass es nicht mit der Hilfe Jesu Christi überwunden

werden könnte, wenn wir bereit sind, den göttlichen Willen an uns geschehen zu lassen.
- Schenke jedem Augenblick Deines Lebens Beachtung und gehe sorgfältig und gewissenhaft mit ihm um.
- Nimm jeden Tag dankbar an und gehe mit Deinen Mitmenschen so um, als sei es Dein letzter Tag.
- Vieles, was aus der Balance geraten ist, kommt wieder ins rechte Lot, wenn Du an den Tod und Deinen eigenen Tod denkst.
- Wichtig ist, rechtzeitig all den Menschen zu verzeihen, von deren Seite wir Kränkungen erfahren haben.
- Richte Dein Leben so ein, dass Du mehr und mehr in der Gnade Gottes lebst, damit Du weder heute noch morgen noch am Ende Deines irdischen Seins scheiterst.
- Der Tod steht Dir immer gegenüber und ist bereit, Dir das Leben zu nehmen. Es hilft Dir, Dich öfter daran zu erinnern, dass Du sterben wirst. Die Nichtbeachtung des Todes ist die Ursache dafür, dass Du Sünden begehst. Der Gedanke an den Tod dagegen wird Dich davor bewahren, in Versuchungen zu unterliegen.
- Bitte rechtzeitig darum, dass während Deines Sterbens in Deiner Gegenwart aufrichtig gebetet wird. Und wenn Du es vermagst: Nimm Zuflucht

zum Gekreuzigten, lass Dich von seiner Güte und Barmherzigkeit erfüllen und betrachte, wie er sich hat kreuzigen lassen und gestorben ist, um Dich zu retten.

- Solange wir gesund sind und uns noch keine Krankheit an das Bett fesselt, sollten wir alle äußeren und inneren Angelegenheiten in Ordnung bringen. Dazu gehört auch der Empfang des Sakramentes der Versöhnung. Wir sollten rechtzeitig das tun, wozu uns eine Krankheit erst spät zwingt.
- Mache Dir bewusst: Da wir in dieser Welt niemals ganz zur Ruhe kommen und uns immer wieder dieses oder jenes quält, kann das Ziel des Menschen nicht in der sich ständig verändernden Welt liegen.
- Du giltst vor Gott (und vielleicht auch vor manchen Menschen) als weise, wenn Du rechtzeitig Deine Angelegenheiten auf ein letztes Ziel hin ordnest. Das Endziel des Menschen ist Gott. Setze Dein Ziel und Deine Ruhe auf Jesus Christus.
- Gabe kommt vor Auf-Gabe. Im Sterben musst Du alles Irdische zurücklassen. Übe Dich darin, solange Du es noch kannst. Du kennst weder die Stunde, in der Du sterben wirst, noch die Art und Weise Deines Todes.
- Die Abfassung eines Testamentes hat nicht zur Folge, dass Du früher stirbst, sondern, dass Du ruhiger und gelassener älter werden kannst.

- Sorge dafür, dass bei der Aufteilung dessen, was Du als Erbe zurücklässt, unter den Erben kein Streit und keine Entzweiung entsteht.
- Sollten unangenehme Dinge wie zum Beispiel Rückzahlungen oder Wiedergutmachungen mit dem Erbe verknüpft sein, versuche, Deine Erben nicht damit zu belasten, sondern die Dinge noch bei Deiner vollen Gesundheit auszugleichen.
- Starke Glaubenszweifel gibt Dir der Böse ein und versucht, Dich von Gott zu trennen und Dein Herz zu verschatten. Überwinde durch Dein Gebet und durch die Liebe sehender Menschen die Versuchungen des Teufels.
- Fürchte Dich nicht vor der Todesart, durch die Du sterben wirst, sondern schau auf die Güte und Barmherzigkeit des Herrn, der Dich beim Erwachen am Ufer des Jenseits erwartet.
- Mach Dir einen Heiligen oder Deinen Schutzengel zum Vertrauten und bete täglich zu ihm. Wenn Du in Deinem Tod auch geliebte Menschen verlassen musst, so begleitet Dich der Heilige oder Dein Schutzengel in die für Dich vorgesehene neue Welt.
- Zwei Dinge sind es, die wir beizeiten üben sollten: Das Loslassen, damit der Wille Gottes an uns geschehen kann, und der Empfang der heiligen Kommunion. Das eine hat Jesus uns gelehrt und vorgelebt, das andere vor seinem Leiden für

uns eingesetzt als neuen und ewigen Bund mit ihm.
- Sei sicher: Die Gemeinschaft der gesamten Kirche – so auch die Propheten und Apostel, Maria, die Mutter Gottes, die Engel, die Heiligen und Märtyrer und all die unzähligen Gott in Liebe ergebenen Seelen – beten unablässig für alle, die sich in Gefahr und vor allem in Todesnot befinden.
- Bist Du krank, vielleicht schwer krank, weißt aber nicht, ob Du an dieser Krankheit sterben musst, dann versucht der Widersacher Dich noch unruhiger zu machen. Er überfällt Dich mit immer neuen dunklen Gedanken und Gefühlen, um Dich zu Fall und von Gott abzubringen.
- Nimm während Deiner Krankheit immer wieder Zuflucht zum Gekreuzigten. Richte Dich ganz auf ihn aus und bitte ihn, Dir in allem, was Dich erwartet, beizustehen.
- Bitte darum, dass während Deiner Krankheit Dir ein Gott naher und geistlicher Mensch so oft wie möglich beisteht, Dich besucht, mit Dir spricht und betet und Dich darauf vorbereitet, Gott einmal gegenüberzustehen.
- Bete sowohl in kranken als auch in gesunden Tagen täglich für die Toten. Sie warten auf Dein Gebet, denn aller Wahrscheinlichkeit nach können die meisten von ihnen in ihrem augenblicklichen

Zustand für sich selbst nur wenig tun. Möchtest Du nicht auch, dass nach Deinem Tod für Dich gebetet wird?

- Während unseres gesamten Lebens reicht uns Gott immer wieder die Hand, lässt uns unser Unrecht einsehen und schenkt uns Möglichkeiten zur Umkehr. Versage Dich diesem Angebot nicht, denn Du weißt nicht, ob es Dir nach Deinem Tod in gleicher Weise zukommt. Lass es nicht bis zum Letzten darauf ankommen.
- Während des Krankseins werden viele Menschen durch Schmerzen verwirrt und gequält. Der Widersacher nimmt Dir allen Mut und versucht, Dich festzuhalten. Richte daher immer wieder Deinen Blick und Dein Herz auf Jesus Christus, Deinen Heiland, Erlöser und Retter.
- Selbst wenn noch nicht vergebene Sünden im Wege stehen, fürchte Dich nicht, bitte um Vergebung und rufe den Herrn um sein Erbarmen an. Nimm Zuflucht zu ihm und schaue, wie er voller Güte selbst dem Schächer vergeben hat. Vertraue darauf, dass der Herr auch Dir vergibt.
- Nimm Dir vor – solltest Du die Krankheit überwinden und mit dem Leben davonkommen – Gutes zu tun und den Herrn nicht mehr zu beleidigen.
- Für einen Sterbenden haben Gebete mehr Wert als alles andere, denn er selbst ist meist nicht mehr imstande zu beten.

- Umsonst und ohne irgendeine eigene Leistung haben wir vom Herrn des Himmels und der Erde unser Leben empfangen, jedoch unter der einen Bedingung, dass wir es ihm jeden Augenblick zurückerstatten, wenn er es zurückfordert.
- Ob Du es willst oder nicht: Du musst einmal Deinen eigenen Tod auf Dich nehmen. Vielleicht fällt es Dir leichter, das Unumgängliche anzunehmen, wenn Du daran denkst, dass dieses Übel allen, auch den Größten, gemeinsam ist. Überlege, wie viele Schicksalsgefährten Du hast …
- Als Jesus Christus für uns starb, machte er den Tod zur Pforte, die in den Himmel führt. Der Tod, der für viele Menschen große Qual bedeutet, wird durch Christus Zugang zu ewiger Freude.
- Trauer zuzulassen, ist lebensnotwendig. Sie erinnert uns zudem an die letzten Dinge, lässt uns den Verstorbenen nicht vergessen und stellt uns unseren eigenen Tod vor Augen.
- Hast Du Angst vor dem körperlichen Sterbevorgang, vertraue Dich einem Menschen an, der Dir vielleicht helfen kann.
- Ein im Glauben lebender Mensch wird vor dem drohenden leiblichen Tod weniger Angst haben, denn dieser trennt ihn nicht von Gott, sondern bringt ihn Gott näher.
- Zu allen Zeiten beten Menschen, vor einem plötzlichen Tod bewahrt zu bleiben. So bitten wir in

der Allerheiligenlitanei: *Von einem plötzlichen und unvorhergesehenen Tod befreie uns, o Herr.*

- Es gibt Menschen, die bei der Vorstellung ihres Todes den Herrn um einen Tod bitten, der ihren Angehörigen so wenig Aufregung und Beschwerden wie nur möglich bringt. Dieses Gebet hat seinen Ursprung in tiefer und bezeugender Liebe.
- Niemand von uns hat beim Einschlafen die Gewissheit, wieder aufzuwachen. Der Tod, der Bruder des Schlafes, kann uns jederzeit überraschen. Daher sollten wir vor dem Ende des Tages unser Gewissen erforschen, den Herrn um Vergebung und Barmherzigkeit bitten und die Dinge zu regeln versuchen, die uns belasten.
- Setze im Sterben die größte Hoffnung auf Gott. Wie er Deinem Leib die Seele gegeben hat, so nimmt er allein Deine Seele wieder auf – zu der Zeit, wann er es will. Vertraue auch den Ärzten, »bete« sie jedoch nicht an.
- Als Kranker solltest Du nicht vorschnell Gelübde ablegen für den Fall, dass Du wieder gesund wird. Ein vorschnelles Versprechen, das später eventuell nicht eingehalten wird oder eingehalten werden kann, hat vor Gott kein großes Gewicht.
- Bitte zu gesunden Zeiten darum, dass man Dir in der Sterbestunde Stellen aus der Heiligen Schrift vorliest, die von der unermesslichen Barmherzigkeit und Güte Gottes sprechen, von seiner unend-

lichen Liebe zu den Menschen und der gesamten Schöpfung und von dem, was Jesus Christus für das Heil der Welt gewirkt und gelitten hat.

- Die menschliche Vernunft kann uns an diesem Scheideweg von Körper und Seele trügen, das Wort Gottes jedoch nicht, das er in der Heiligen Schrift uns geoffenbart hat und das er Dir eingibt. Darauf sollten wir in besonderer Weise hören.
- Bitte Deine Nächsten, zu Deiner Sterbestunde für die Krankensalbung zu sorgen, denn der Empfang des Leibes des Herrn und die Krankensalbung werden Dich stärken und Dir Kraft geben. Die Sakramente machen unsere Seele gegen den geistigen Feind unbesiegbar.
- Letzte Worte von Sterbenden haben oft eine große Bedeutung für die Hinterbliebenen, da niemand im Angesicht des Todes die Unwahrheit sagt. Wenn die Seele sich vom Leib trennt, erlebt der Sterbende eine Freiheit und Erkenntnis, die all unser begrenztes menschliches Denken und Fühlen übersteigen.
- Solltest Du einmal ganz verzweifelt sein: Das Leben ist ein Geschenk Gottes. Beleidige ihn nicht, indem Du es ihm unaufgefordert zurückgibst.

Bibelzitate:

- *In jenen Tagen wurde Hiskija todkrank. Da kam der Prophet Jesaja, der Sohn des Amoz, zu ihm und sagte zu ihm: So spricht der Herr: Bestell dein Haus; denn du wirst sterben und nicht mehr genesen* (Jesaja 38,1).
- *Erbarme dich meiner, o Herr, ich sieche dahin; heile mich, Herr, denn verstört ist all mein Gebein. Wende dich zu mir, o Herr, und rette mich, um deiner Barmherzigekit willen schaffe mir Heil. Weicht von mir all ihr Gottlosen, denn mein lautes Weinen hat vernommen der Herr* (Psalm 6,3.5.9).
- *Hast du Gott etwas gelobt, so säume nicht, es zu erfüllen. Denn kein Gefallen hat er an Toren. Was du gelobt hast, erfülle! Du machst besser gar kein Gelüdde, als das du gelobst und hältst es nicht* (Kohelet 5,3–4).
- *Schau doch, Herr, mein Gott, und erhöre mich! Gib Licht meinen Augen, dass ich im Tod nicht entschlafe; dass nicht prahle mein Feind: nicht sagen kann: Ich habe ihn überwältigt; dass nicht jubeln meine Gegner, weil ich erlegen bin!* (Psalm 13,4–5).
- *Der Mensch kennt seine Zeit nicht. Wie die Fische, die im tückischen Netz gefangen sind, und wie die Vögel, die ins Klappnetz geraten sind, so werden die*

Menschen zur Stunde des Unheils gefasst, wenn sie plötzlich über sie kommt (Kohelet 9,12).
- *Er war mir treu, so will ich ihn retten; ich will ihn schützen, denn er kennt meinen Namen. Ruft er mich an, so höre ich ihn, in allen Nöten bin ich ihm nahe, ich befreie ihn und bringe ihn zu Ehren* (Psalm 91,14–15).

Zweiter Teil

Altern und Unsterblichkeit

Geheimnis der Entgrenzung

Wenn die Zeit reif und gekommen ist, erfahren wir eine Erweiterung oder gar eine Sprengung enger Grenzen, in denen wir uns lange genug aufgehalten haben. Oftmals ist die Entgrenzung mit Schmerzen verbunden, weil man Gewohntes nicht loslassen und freigeben kann. Doch die Welt, in der wir leben, verlangt immer neu und immer wieder einen Aufbruch. Wenn wir uns dessen bewusst sind und uns bejahend in einen neuen Lebensabschnitt begeben, werden wir ihn freundlich begrüßen und keine Angst haben, ihn nicht bestehen zu können. Der Schöpfer, von dem her wir kommen, hat uns auf ihn hin geschaffen und es so gefügt, dass wir nicht im Zuge des Vergänglichen den Weg verlieren oder gar umkommen. Es ist daher wichtig, dem Alterungsprozess zuzustimmen, mit ihm zu gehen und ihn nicht zu bremsen oder zu versuchen, ihn aufzuhalten.

Phasen der Entgrenzung

Wenn die Zeit nach neun Monaten im Mutterleib reif ist, muss das Kind geboren werden und den Schutzraum bei der Mutter verlassen – selbst wenn es sich noch so wohl darin fühlt. Viele Kinder sträuben sich bei der Geburt und lassen einfach nicht los, um das so angenehme Leben zu verlassen. In der Wärme und Warmherzigkeit der Mutter brauchte das Kind nicht zu atmen und auch keine Nahrung aufzunehmen, denn es wurde – ohne etwas selbst zu tun – beatmet, ernährt, behütet und geliebt.

Die erste Phase der Entgrenzung findet bei der Geburt statt, wenn wir das Licht der Welt erblicken. Eigentlich ist das Menschenkind zu früh geboren, wenn wir es mit manchen Tierkindern vergleichen, die sofort nach ihrer Geburt selbstständig laufen, schwimmen und fressen können. Könnte es sein, dass der Schöpfer es so eingerichtet hat, dass wir erst das Empfangen und Geben von Liebe über Jahre erlernen müssen, ehe wir damit beginnen, uns von unseren Eltern abzugrenzen und selbstständig zu werden? Während der Reife, die während unseres gesamten Lebens erfolgt, müssen wir immer wieder Gewohntes loslassen und uns einer neuen Lebenssituation stellen. Es kann viel Freude auslösen, wenn lang gehegte Wünsche erfüllt werden, es kann aber auch viel Schmerz mit der Veränderung verbunden sein, wenn wir zum Beispiel einen geliebten Menschen verlieren oder ärztlicherseits eine Diagnose erfahren, die uns alle Hoffnung auf ein gesundes Leben nimmt.

Im Leben, das niemals stillsteht, treten immer neue Anforderungen an uns heran, die es heißt, zu beste-

hen – eine Entgrenzung folgt auf die andere, bis wir reif werden für den Himmel. Der Tod ist wohl die größte Anforderung an einen Menschen, wenn er diese Welt, in der er so viele Jahrzehnte gelebt hat, verlassen muss. Verfügen wir über einen gelebten Glauben an Jesus Christus und an seine Auferstehung von den Toten, dürfte, da wir in seiner Nachfolge stehen, uns der Abschied aus dieser Welt nicht allzu schwerfallen. Uns ist ja bereits ewiges Leben geschenkt, in das wir jetzt für immer treten dürfen. Daher ist es wichtig, in Gelassenheit älter zu werden und in der Zuversicht, dass wir dem Ältesten, Gott, immer näherkommen und ihm ähnlicher werden.

Wenn eine geistliche Botschaft körperlich mitvollzogen wird, offenbart sie sich stärker und eindeutiger. Grenzen geben zwar einerseits eine gewisse Sicherheit, andererseits aber engen sie auch ein und hindern ein gesundes und notwendiges Wachstum. Ein Kind – wie schon gesagt – muss während der Geburt jeglichen Schutz, alle Geborgenheit und Wärme aufgeben, damit Eigenständigkeit geboren werden kann und der Mensch lernt, einmal auf eigenen Füßen zu stehen.

Verbindung mit dem Himmel

Das, was uns verbindet mit dem Himmel, muss wieder geöffnet werden. Als Säugling hatten wir einmal diese Verbundenheit mit dem Himmel durch die Fontanelle, als im Scheiteldach die Knochennähte noch nicht miteinander verbunden waren. Das Dach zum Himmel war noch geöffnet ... Wenn wir uns im Gebet auf den Schöpfer hin öffnen, werden Grenzen gesprengt und Vorurteile abgebaut, die uns lähmen, so zu sein, wie wir es von Natur aus sein könnten. Wenn sich unsere Sichtweise und unser Bewusstsein im Alter weiten, wenn bisher gelähmtes, ungelebtes Leben ins Leben kommt, breitet sich eine Fülle von vielen neuen Möglichkeiten aus, unseren Glauben zu bekennen und ihn wahrhaft zu leben. Ohne dass unser Ego störend im Mittelpunkt steht, treten wir mit Wesentlichem in Verbindung – letztlich mit Gott, der in uns anwesend ist. In der Offenheit und mit der Hingabe, mit der wir dem Schöpfer begegnen, wird er uns überreich mit seiner Gnade beschenken und uns segnen.

Da brachten Männer auf einem Bett einen Menschen, der gelähmt war; sie versuchten ihn hineinzubringen und vor ihn hinzulegen. Da sie aber wegen der Menge keinen Weg fanden, ihn hineinzubringen, stiegen sie auf das Dach und ließen ihn samt

dem Bett durch das Ziegeldach, gerade vor Jesus hin
(Lukas 5,18–19).

Steh auf!

Während meiner Zeit als Wallfahrtsseelsorger in Kevelaer, einem Ort am Niederrhein, an dem Maria als »Trösterin der Betrübten« verehrt wird, gehörte die Krankenseelsorge im Marienhospital und die geistliche Betreuung der Bewohner von zwei Altenheimen zu meinen Aufgaben. In einem der beiden Seniorenheime begegnete mir eine feinsinnige ältere Dame, die wegen ihrer Lähmung ganz auf die Hilfe anderer Menschen angewiesen war. Sie hatte Vertrauen zu mir und erzählte mir viel aus ihrem Leben. Hatte ich etwas mehr Zeit und war das Wetter schön, fuhr ich sie in ihrem Rollstuhl durch den Park.

Ab der Hüfte war sie gelähmt und sie konnte nicht einmal ihre Zehen bewegen. Dafür war ihr Leben jedoch abwechslungsreich und bewegt. Durch den Beruf ihres Mannes bedingt, lebte sie mit ihm und den beiden Söhnen mehrere Jahre in Südamerika und später in Asien. Durch den Unfalltod ihres Mannes wurde sie früh Witwe und zog mit ihren Kindern wieder zurück nach Deutschland. Hier nahm sie ihren früheren Beruf als Diplombibliothekarin wieder auf, um die Ausbildung ihrer Söhne bezahlen zu können. Während der Jüngere bereits als Physiker tätig war, studierte der Ältere immer noch vom Geld seiner Mutter. Wie sie mir unter Tränen erzählte, war er drogensüchtig und zog sich mit seiner Gitarre immer mehr in die Einsamkeit zurück. Eines Tages erhielt sie die Nachricht, dass er sich das Leben genommen habe.

In unseren Gesprächen machte sie sich starke Vorwürfe, nicht genügend für ihren ältesten Sohn getan zu haben. Es bedeutete ihr eine Erleichterung, darüber zu sprechen und ihr Herz auszuschütten. Sie meinte, die Eindrücke der verschiedenen Länder hätten ihrem Sohn nicht gutgetan, denn er hätte nirgends Fuß fassen können. Mit seinem Vater hätte er sich überhaupt nicht verstanden, und er wäre langsam verwahrlost, als sie wieder ihre frühere Berufstätigkeit aufgenommen hatte. Nach seinem Tod sei sie wie versteinert gewesen, gelähmt dem Leben gegenüber und früh gealtert. Ich spürte aus ihren Worten, welch ungeheure Last sie auf ihrer Seele trug. Sie hatte jetzt keine Kraft mehr und war auf andere angewiesen.

War nicht auch der Gelähmte, den Jesus heilte, ein Gefangener seiner Krankheit? Jesus gab ihn sich selbst zurück. Alle medizinischen Untersuchungsmethoden, die man seit Jahren bei dieser Dame angewandt hatte, ergaben keinen Befund. So wurde sie sich selbst überlassen und gepflegt, so gut es ging. Die große seelische Not aber, in der die Kranke steckte, sah wohl niemand. Das gab mir zu denken.

Zur Heilung und Ganzwerdung des Gelähmten gehörte, dass Jesus ihm alles vergab, was nicht recht war in seinem Leben, und ihn dann wieder auf seine eigenen Füße stellte, damit der Geheilte seine eigenen Wege gehen konnte. Das hatte er verlernt und sich wahrscheinlich auch unbewusst abgewöhnt. Sollte die körperliche Lähmung dieser Dame nur Ausdruck einer seelisch-geistigen Lähmung sein? Verdrängte Schuldgefühle können zur Lähmung eines Menschen führen, denn das Verdrängen unbewusster tragischer Erinnerungen kostet viel Kraft, die dann zur eigenen Lebensgestaltung fehlt. Man fühlt sich wie gelähmt, was dann in Fleisch und Blut übergeht. Was der Betroffene nicht in Worte fassen und ausdrücken kann, zeigt er stumm durch seine körperlichen Lähmungen.

Ich durchschaute damals als junger Kaplan nicht die tieferen Zusammenhänge zwischen der Seele und dem Körper und wusste nicht, dass seelische Probleme so drastisch in körperliche Symptome umgewandelt werden können. Für diese Dame, die mir sehr leidtat, betete ich viel und bot ihr immer wieder an, zu beichten. Doch sie war verhärtet und auch dem Glauben gegenüber wie gelähmt. Vielleicht bin ich als Fürbitter für sie zum Mitträger der Gelähmten geworden, der sie vor Jesus Christus getragen hat.

Ich glaube, wenn keine medizinische Ursache vorliegt, kann ein Arzt, Priester oder Therapeut noch so gut sein, er kann nicht mehr tun, als den Kranken immer wieder vor die Füße Jesu zu legen.

In der Diözese Hildesheim bekam ich eine neue Stelle als Pfarrer, und nach Jahren besuchte ich einmal wieder Kevelaer und ging an die Orte zurück, die mir damals viel bedeuteten – so auch in das Seniorenheim zu der alten Dame. Sie war inzwischen in ein eigenes Appartement gezogen und öffnete mir – auf beiden Füßen stehend – die Tür. Ich konnte dieses Wunder nicht fassen. Was war geschehen? Durch die Oberin des Hauses hatte die Dame zu ihrem christlich-katholischen Glauben zurückgefunden und praktizierte ihn auch. Etwas ganz Wesentliches wurde ihr, da sie sich dem Herrn und den Menschen gegenüber öffnete, noch zusätzlich geschenkt. Zwischen ihr und einem älteren Herrn, der nach meiner Zeit in Kevelaer in das Seniorenheim gezogen war, entwickelte sich eine tiefe Herzensfreundschaft. Sie verbrachten viel Zeit miteinander und spürten, dass sie sich unendlich viel zu sagen hatten und einander brauchten.

Wie die Träger, die den Gelähmten durch das geöffnete Dach vor Jesus herabließen, so hatte diese Dame durch ihren Glauben und die Liebe zu einem Menschen ungelebtes und aus Schuld verdrängtes Leben in sich ent-deckt und es zugelassen. Mit dem Selbstmord ihres Sohnes war sie selbst gestorben, doch durfte sie am Ende ihres Lebens bereits in dieser Welt durch Vergebung der Sünden, durch den Empfang der Eucharistie und durch die Liebe zu einem Partner Auferstehung erleben. Und dies geschah auch im wahrsten Sinne des Wortes: Sie konnte den Rollstuhl verlassen, weil ihre Lähmung schwand, und sie stand wieder auf ihren eigenen Füßen.

Als er (Jesus) *ihren Glauben sah, sagte er: Mensch, deine Sünden sind dir vergeben ... Ich sage dir, steh auf, nimm dein Bett und geh heim! Sofort stand er vor ihren Augen auf, nahm das Bett, worauf er gelegen hatte, und ging heim, Gott preisend. Da gerieten alle vor Staunen außer sich, priesen Gott, wurden von Furcht erfüllt und sagten: Unfassbares haben wir heute gesehen* (Lukas 5,20.24–26).

Fürbitter sein

Dass die Träger des Gelähmten auf den Einfall kamen, das Dach abzudecken und sich so für ihn einzusetzen, deutet auf eine wirkliche Liebe hin, die sie zu diesem Mann hatten. Sie taten alles, um ihn vor denjenigen zu bringen, der einzig und allein ihm helfen konnte: Jesus Christus. Der Gelähmte muss ein besonders bedrückter und verzweifelter Mensch gewesen sein. Wahrscheinlich hatte sich Schuld bei ihm angesammelt, die ihn schlimmer leiden ließ, als sein äußeres Leiden erkennbar machte. Jesus, der aufgrund des Glaubens Wunder wirkt, sah den Glauben der Männer und das tiefe Leid des Gelähmten, dem er all seine Sünden vergab. Durch die Vergebung wurden all seine verborgenen Schuldgefühle, krank machenden Hemmungen und die unbewussten psychischen Blockaden aufgehoben.

Den anwesenden Pharisäern und Schriftgelehrten, die mit ihrem anerzogenen Denken Jesus zunächst kritisierten, musste er erst ihre tieferen Beweggründe aufdecken. Den Gelähmten heilte Jesus spontan, den Gelehrten dagegen musste er vorab ihren Zwiespalt im Gewissen und in ihren Herzen bewusst machen und ihre Selbstentfremdung ans Licht bringen.

Wie wichtig ist es, fürbittend für jemanden einzutreten, den wir bedrückt und in großer Not wissen, um dessen Sünden wir wissen und der selbst nicht mehr in der Lage ist, sich an Gott zu wenden. Er ist wie gelähmt und versteinert und braucht andere, die für ihn zu Gott beten. Wir sollten uns innerlich diesem Menschen nähern, sodass er zu unserem Anliegen wird, wir sollten ihn berühren und ein Stück weit des Weges tragen, dorthin, wo Heil, ja, der Heiland ist. Aus unserem gemeinsamen Glauben entstehen Wunder.

Die größte Not herrschte bei dem Gelähmten wahrscheinlich in seiner Seele, die die Ursache seiner körperlichen Lähmung war. Wie muss Gottes Licht in dem Wort Jesu: *Deine Sünden sind dir vergeben,* aufgestrahlt sein, die gesamte Liebe und die Vollmacht Gottes, seine Gegenwart und Unendlichkeit. In dem Gelähmten, an dem sich die Vergebung leibhaftig vollendete, wird letztlich die Auferstehung verdeutlicht.

Aufstieg zu Gott

Wenn unser Leben einmal zu Ende geht und wir sterben und dabei die Schwelle zu Gott überschreiten, kann es sein, dass wir uns wie gelähmt vorkommen und den Aufstieg zu Gott nicht wagen. Vielleicht hemmt uns eine unerkannte und unbereute Schuld, womit wir unser Leben unnötig beschwert haben, in die letzte Freiheit zu gelangen. Im Licht des ewigen Lebens erkennen wir unsere Treulosigkeiten, die uns wie gelähmt zu Boden drücken. In diesem Augenblick werden die Menschen kommen, zu denen wir gut waren, die wir liebten und die uns ihre Liebe erwiesen. Sie werden, wie die Männer, die den Gelähmten vor Jesus trugen, sich mit uns beladen und die Trennwand durchbrechen, die sich durch unsere Untreue zwischen Christus und uns aufgebaut hat.

Voll Freude und vielleicht auch ein wenig beschämend dürfen wir von ihnen folgende Argumente hören:

- Dieser Mensch ist gut zu mir gewesen; er hat mich wieder an Gott glauben und ihn lieben gelehrt.
- Als ich fremd war, hat er mir Heimat gegeben, und als ich krank war, hat er mich besucht. Als ich durstig war, hat er mir zu trinken gegeben.
- Dieser Mensch ist gut zu mir gewesen; er hat Zeit für mich gehabt, als kein anderer Zeit für mich hatte.

- Er hat mich getröstet, als ich ganz verzweifelt war und weder ein noch aus wusste.
- Dieser Mensch war mein Freund, der in den schwersten Stunden meines Lebens zu mir gehalten und mich nicht verlassen hat.

Da werden sie alle kommen und uns beistehen. Und dann wird es heißen: »Als Jesus ihren Glauben sah, sagte er zu dem Mann: Deine Sünden sind dir vergeben. *Steh auf!*« Es sind unsere Freunde, die uns vor Gott bringen und Fürbitte für uns einlegen. Wir müssen uns alle gegenseitig helfen, in den Himmel zu kommen. Keiner wird sagen können: Ich schaffe es allein! Jeder braucht die Gemeinschaft, die Gemeinschaft der Lebenden und Verstorbenen, die der Gläubigen und Heiligen, die ihm beizeiten hilft, nicht wie gelähmt vor einer nicht überschreitbar erscheinenden Grenze stehen zu bleiben, sondern den Schritt der Entgrenzung in die Gegenwart Gottes zu wagen.

Wenn wir beten: *Vergib uns unsere Schuld,* sollten wir niemals nur an uns selbst denken, sondern auch an diejenigen, in deren Schuld wir mit hineinverschuldet sind. Wie viele Menschen gibt es, die unseres Gebetes bedürfen, weil viel Schweres auf ihrem Herzen liegt, von dem sie nicht loskommen. In unser Gebet und die heilige Messe, die wir mitfeiern, sollten wir immer einen Menschen mit hineinnehmen, der ein besonderes Anliegen für uns ist. Wie die Männer den Gelähmten auf seiner Tragbahre vor Jesus brachten, so sollten auch wir es mit einem Menschen tun, der verletzt, gelähmt und unfähig ist, selbst zu beten oder die Kommunion zu empfangen.

> Herr, schenke ihm dein Heil,
> das zeitliche und das ewige,
> und nimm von ihm seine Trauer.
> Heile seine Verwundungen
> und stell ihn wieder auf seine eigenen Füße,
> sodass er sich selbst helfen und behaupten kann.
> Lass ihn deine Vergebung und deine Liebe erfahren
> und mache ihn zu einem tief gläubigen Menschen,
> der wiederum anderen beisteht,
> den Weg zu dir zu finden.

Selige Entgrenzung

Wenn auch einigen das Wort »Entgrenzung« fremd erscheint, so entspricht es doch äußerlich genau dem, was die Träger des Gelähmten taten, indem sie das Dach abdeckten. Aber noch wichtiger ist die innere Entgrenzung, die durch Jesus geschah. Wir müssen heute als ältere Menschen sehr darauf achten, dass wir nicht durch gewisse Ströme der Zeit eingegrenzt und eingeengt werden. Auf die Entgrenzung hin hat der bengalische Dichter und Philosoph Rabindranath Tagore (1861–1941) ein wunderbares Wort ausgesprochen: *Glücklich die Menschen, die ihre Gärten nicht einzäunen, sie werden den Applaus der Schmetterlinge haben!*

Vor einer Entgrenzung in das Negative hinein müssen wir uns jedoch sehr in Acht nehmen. Dies geschieht, wenn wir die reine Triebwelt der Sexualität, des Essens und Trinkens und jeglichen anderen Konsums bedenkenlos und uneingeschränkt zulassen. Ein geistloses und konturloses Unten bemächtigt sich unser, das zur grundsatzlosen Entgrenzung des sittlichen Bewusstseins führt, das schon die Kinder ehrfurchtslos macht. Hier liegt eine große Gefahr der Zerstörung der Menschheit. Eine satanische Entgrenzung ist am Werk, wenn es um Todes- und Atomwaffen geht und um genetische Manipulationen des Menschen. Dies geschieht da, wo der Mensch dem Menschen zum Wolf wird.

Das Geheimnis der lebensfördernden, seligen Entgrenzung steht dieser negativen Entgrenzung gegenüber. Mit zunehmendem Alter möchte sich dieses Geheimnis uns mehr und mehr offenbaren. Jeder trägt ein innerstes Strahlungszentrum der Liebe in sich, das sich entfalten möchte. Für diesen Entwicklungsprozess schenkt uns der Herr viel Zeit. Unsere gesamte Lebenszeit steht uns zur Verfügung. Wenn wir die österliche Lebens- und Liebeskraft zulassen – der

Auferstandene möchte sie uns schenken –, nehmen wir teil am großen Erlösungswerk Jesu Christi. In der Liebe steckt verborgen das Geheimnis der Entgrenzung. Liebe befreit!

- *Zur Freiheit hat uns Christus befreit. Steht also fest und lasst euch nicht wieder in das Joch der Knechtschaft spannen* (Galaterbrief 5,1).
- *Nicht gabst du mich preis der Macht meiner Feinde, du hast auf weiten Raum meinen Fuß gestellt* (Psalm 31,9).
- *Der Gott der Herrlichkeit erschien unserem Vater Abraham … und sagte zu ihm: Zieh fort aus deinem Land und aus deiner Verwandtschaft und geh in das Land, das ich dir zeigen werde* (Apostelgeschichte 7,1.3).

Zur Entgrenzung gehört auch die Vorbereitung auf den Tod, der die Entgrenzung aller irdischen Grenzen beinhaltet. Doch schrecken viele Menschen vor dieser Phase der Entgrenzung zurück und möchten sie nicht wahrhaben. Wenn man festhält, erschüttert und beunruhigt uns jede Entgrenzung und wirft uns in unserer Entwicklung meilenweit zurück. Oft bemerken wir vorerst gar nicht die entsetzliche Grauzone, die uns umgibt, die langweilige Mittelmäßigkeit, die keinen Aufbruch und keine Entgrenzung zulässt. So schleichen sich Gewohnheiten ein, die zu

Verfestigungen führen, in denen Gott nicht gegenwärtig sein kann.

Natürliche Aufbrüche sind nicht nur während der Zeit des Heranwachsens und der Zeit der Lebensmitte notwendig, sondern auch ganz besonders im Alter. Jesus Christus führt uns einen Weg der Entgrenzung alles Irdischen, der in der Herrlichkeit Gottes sein Ziel findet. Um den Durchbruch in das Reich Gottes zu erleben, brauchen wir uns nur auf ihn zu verlassen und unser Ich zurückzunehmen.

Weg zur Alterslosigkeit

Es ist bekannt, dass beim Menschen ab dem 30. Lebensjahr eine Degeneration einsetzt. Das Gewebe und die Organe des Menschen verändern sich durch Abnutzung und Verschleiß. Diesen Vorgang bezeichnen wir mit Altern. Da es mit dem unweigerlichen Fortschreiten der Zeit kein Stehenbleiben gibt, tritt folgerichtig eine Veränderung ein. Der Prozess des Alterns sollte von uns zu unserem Vorteil genutzt werden.

Der menschliche Geist oder das eigentliche Wesen des Menschen, die Seele, hat die ihr eingestiftete Sehnsucht, Gott, dem Urgrund der Schöpfung, immer näher zu kommen und ihm immer ähnlicher zu werden. Die Seele, der höchste und wichtigste Aspekt des Lebens, verändert sich auf der Grundlage des Unveränderlichen. Wir unterscheiden also den veränderlichen Aspekt des Lebens und den unveränderlichen Aspekt des Lebens. Den göttlichen, unveränderlichen Bereich des Lebens erfahren wir im immer tiefer werdenden Ruhegebet, in der Ganzhingabe an Gott, der uns in den Sakramenten entgegenkommt. Aus dieser Kraft gestalten wir unser Leben. Den sich ändernden Bereich des Lebens erleben wir ständig an uns selbst und im gesamten Bereich der Schöpfung.

Unsere Gedanken und unsere Gefühle sind in Bewegung wie auch die sich voneinander unterscheidenden Zustände des Wachens, Schlafens und Träumens. Sie sind niemals dieselben. Der Zweck der Veränderung besteht darin, sich nicht durch alles, was sich verändert, ausschließlich bewegen zu lassen, sondern inmitten der Veränderung das Unveränderte, Ewige, Gott, zu erfahren und in ihm die göttliche Ruhe. Die Veränderung bringt oftmals Druck oder auch Schmerz mit sich, wenn man zum Beispiel an das Loslassen denkt, was im Gebet der Hingabe eingeübt wird. Nur durch Veränderung ist Wachstum möglich, in das wir alle mit hineingenommen sind. Die Knospe einer Rose wird zur Blüte, aus der Jugend eines Menschen wird ein Erwachsener, der mehr und mehr durch das Älterwerden reift.

Ein ausgewogenes und gottgefälliges Wachsen entsteht nur, wenn die beiden Pole Aktivität und Ruhe einander abwechseln. Das vom heiligen Benedikt stammende Wort: *Bete und arbeite* ist für alle gedacht. Eine größere Nähe zu Gott kann ich nur erfahren, wenn ich auf der Grundlage göttlicher Ruhe die mir zugedachte Arbeit vollbringe. Durch einen gesunden Lebensrhythmus wird mir nach und nach bewusst, wie die Veränderung auf die Unveränderlichkeit zugeht, das heißt, sie nähert sich der Unsterblichkeit. Diese Erfahrung im Alter machen zu dürfen, ist eine große Gnade. Die Veränderung bewegt sich in Richtung des Nichtsterblichen. Man darf sogar sagen: Der Sterblichkeit wird geholfen, unsterblich zu werden.

Durch die Bejahung der Veränderung und durch das Loslassen von dem, was sie mit sich bringt, wächst in uns immer mehr das Bewusstsein der Gegenwart Gottes. Unser Gebet, der Empfang der Sakramente und eine gottgewollte Lebensweise helfen unserer Sterblichkeit, unsterblich zu werden. Im Älterwerden bewegen wir uns in Richtung des Ältesten, des Ewigen, und das ist Gott. Durch sein Leben, seine Lehre, sein Leiden und seinen Tod und seine Auferstehung weist uns Jesus Christus diesen Weg zum Vater, den er uns vorausgegangen ist.

Altern – älter und älter werden – bedeutet nichts anderes, als auf den Ältesten hin zu wachsen. Wir bewegen uns von der Sterblichkeit in die Unsterblichkeit und von der Gottferne in die Gegenwart Gottes. Wir können das Altern auch mit einem galoppierenden Pferd vergleichen, auf dessen Rücken wir auf ein Ziel zureiten. Auf der Veränderung und der ihr zugrunde liegenden Unveränderlichkeit reiten wir auf dieser Ruhe dem Unendlichen entgegen. Im Alter beobachten wir oftmals, dass dieses Reiten ganz von selbst zu einem Galoppieren wird.

Die Veränderung, die dem Altern zugrunde liegt,

können wir nicht aufhalten. Es liegt ja in unserem eigenen Interesse – die Sehnsucht der Seele drängt uns förmlich –, den ewigen göttlichen Bereich nicht nur zu berühren, sondern auch einmal ganz in ihm zu Hause zu sein. Das Altern zu bremsen, ist unmöglich. Wenn wir dem Willen und der Liebe Gottes folgen, reiten wir ganz von selbst und unaufhörlich unserem Ziel entgegen. Erst wenn wir am Ziel angekommen sind, kommt jegliche Bewegung auf das Ziel hin zur Ruhe. Durch das Altern wächst der Mensch mehr und mehr, bis er das Älteste, und das ist Gott, erreicht hat. Mit diesem Wissen dürfte das Altern für viele Menschen keine schreckliche Entwicklung mehr sein. In Hinblick auf das Ziel, das aus dem dreieinigen Gott, der Liebe seines Sohnes und der Kraft des Heiligen Geistes besteht, dürfte es nicht schwerfallen, unseren Gesichtspunkt von der Veränderlichkeit auf die Unveränderlichkeit zu lenken.

Von diesem Gesichtspunkt aus betrachtet – wir altern, um dem Ältesten, Gott, immer ähnlicher zu werden –, ist das Altern ein kostbares Geschenk. Der äußere Mensch verfällt, wo hingegen der innere Mensch, seine Seele, sich mehr und mehr entfaltet. Durch diese Transformation wird der »Teufel« des Alterns in einen »Engel« verwandelt.

Für ein von innen her strahlendes Gesicht muss einfach der Reflektor verbessert werden. Wenn der Spiegel besser reflektieren soll, muss eine bessere Silberschicht auf der Rückwand des Spiegels angebracht werden.

Dies geschieht durch unser Ruhegebet, das unsere Innerlichkeit von allen Verblendungen und Unreinheiten befreit und uns zu einem klaren Gottesbewusstsein führt. Eine Veränderung, die auch auf der körperlichen Ebene stattfindet, ist unausweichlich. Etwas ganz Neues kommt auf uns zu und das Alte, was uns bis hierher getragen hat, fällt ab. Unserer Seele wohnt die Tendenz und die Kraft inne, sich bis zum Höchsten zu erheben – bis dahin, wo keine Veränderung mehr möglich ist. Die Veränderung ist so lange notwendig, bis das Höchste erreicht ist. Es ist wahrer und lebendiger Glaube, wenn alles in unserem Leben in die Richtung des Höchsten gelenkt wird, Ihm entgegen, der über die sich nicht mehr verändernden Werte verfügt und die Grundlage allen Lebens ist.

Der Zweck der Veränderung ist erfüllt, wenn der Wert des Sich-nicht-Veränderns erreicht ist. Unter Aufrechterhaltung unserer Individualität hat sich unsere Seele mit Gott vereint. Was geschieht dann mit unserem Körper? Er wird zwanzig oder dreißig oder vielleicht einhundert Jahre alt, doch verändert er sich immer, bis er nach unserem Tod seelenlos vergeht. Die Seele jedoch altert nicht. Sie ist immer dieselbe – unabhängig von unserem Alter. Die Seele wird individuelle Merkmale aufweisen und sich wahrscheinlich in einem »Körper« befinden, der nicht altert. Es ist ein Zustand, in dem keine Veränderung mehr stattfindet, ein höchster Zustand aus absolutem göttlichen »Material«. Alles muss jedoch direkt erfahren werden, und erst auf dieser direkten Erfahrung ist eine Formulierung möglich.

Nehmen wir die Geschichte des heiligen Nikolaus, der durch die Fenster zu den Kindern kommt. Oder nehmen wir die Engel ... Sie helfen uns, einen Kör-

per aus feinster, sich nicht mehr verändernder physikalischer Materie zu verstehen. Auch die vielen Visionen von Heiligen gehören hierher. Sie sahen unter anderem auch den geöffneten Himmel ... Die Wahrnehmung einer Wirklichkeit auf der feinstmöglichen Ebene hat sich nicht nur jemand ausgedacht oder vorgestellt, sondern sie entspricht der Wahrheit, die auch uns einmal zur Erfahrung wird. In einer stark realistisch ausgeprägten Welt wird man kaum Gehör finden für diese übernatürlichen Wahrnehmungen.

In jeder Generation, in jedem Land der Erde und in jeder Religion kommen Engel vor, die zwischen dem Himmel und der Erde angesiedelt sind und die den Menschen helfen möchten, ihr Leben auf das ewige Leben hin zu gestalten. In jeder Kulturgeschichte wie auch in der großen Weltliteratur gibt es Engel. Es ist möglich, dass der Schöpfer aus himmlischem Material oder sogar aus seiner eigenen »Materie« Geschöpfe geschaffen hat. Genauso wie wir Häuser aus Steinen bauen, können wir auch Häuser aus Glas bauen. Wie viel mehr und wie wunderbarer kann es der Schöpfer!

Aus der eigenen Erfahrung unseres Betens – vornehmlich aus unserem Gebet der Hingabe – wissen wir, dass oftmals im Gebet die Zeit ohne relativen Bezug auf uns abläuft. Eine halbe Stunde ist vergangen. Im Gebet jedoch erfahren wir diesen Zeitwert vielleicht nur als fünf Minuten. Wir bewegen uns in Richtung des Absoluten, wo es keinen Zeitablauf mehr gibt.

Dies eine aber, Geliebte, darf euch nicht entgehen: Ein Tag ist beim Herrn wie tausend Jahre und tausend Jahre sind wie ein Tag (2. Petrusbrief 3,8).

Jedes Wort in diese Richtung hat keine Gültigkeit, wenn das, was wir sagen, nicht der Erfahrung entspringt. Wir kommen nur dazu, wenn wir die Aktivität durch tiefe Ruhe und tiefe Ruhe durch Aktivität ersetzen. Wir müssen uns mitten in unserem Leben immer und immer wieder dem Bereich des Sich-nicht-Änderns aussetzen und von dort göttliche und kreative Ruhe in unseren Alltag bringen. Das Altern hat den Zweck, uns zur Alterslosigkeit, und das ist Gott, zu bringen. Wir erfahren dann bei Ihm ein Leben, das den Alterungsprozess überschritten hat.

Das Sterben stellt die eine, sich verändernde Ebene des Lebens dar; die andere Ebene des Lebens ist die Unsterblichkeit. Die Alterslosigkeit wird nur erlangt durch das Altern, das die Alterslosigkeit anregt, sich zu entfalten. Wenn wir den Prozess nicht in dieser Weise erfassen, bleibt die Angst, die sich in einem furchtbaren Schrecken vor dem Altern ausdrückt. Diesen können wir überwinden, wenn unser Gebet zu einem Gebet der Hingabe wird, bei dem wir alles in die Hände Gottes legen. Durch die Berührung dessen, was allem zugrunde liegt – der Gegenwart und der Liebe Gottes – und dem Wissen, das wir durch die Theologie gewinnen, bewegen wir uns auf einem sicheren Weg.

Wenn wir über den Alterungsprozess und über sein Ziel sprechen, sollten wir dem diesseitigen Leben den Vorrang geben. Über die Ebene zu sprechen, wo alles aufhört zu altern, ist schwer, da uns die rechten Worte dazu fehlen. Die beste Empfehlung besteht darin, Gott zu bitten, uns das zur rechten Zeit zu offenbaren, was für uns notwendig ist. Wir laufen sonst Gefahr, eigene Wege zu gehen, die leicht in eine Sackgasse führen. Wenn wir bereit dazu sind und uns nicht gegen das Altern sträuben, werden wir von Gott verherrlicht von Stufe zu Stufe, bis wir das Ziel erreicht haben, einmal für immer bei ihm zu sein.

Das Altern hat den Zweck, uns zur Alterslosigkeit zu bringen, dahin, wo alle Bewegung endet und unsere Seele Erfüllung bei Gott findet. Es ist nicht das Altern, was zu einem Gespenst wird, sondern das Fehlen des Wissens um die Zusammenhänge. Der Tiger, der auf uns zuspringt, löst in uns eine große Angst aus. Was fehlt? Es fehlen uns der Mut und die Handhabe, die wir beherrschen sollten, um auf seinem Rücken durch den Urwald zu unserem Ziel zu reiten.

Eine noch klarere Antwort gibt uns die Korbinian-Legende. Bevor Korbinian (gest. um 728) Bischof von Freising wurde, unternahm er von hier aus eine Pilgerreise nach Rom. Ein Maultier begleitete ihn und trug sein Gepäck. In den Alpen, in der Nähe des Brenners, übernachteten sie. In der Dunkelheit schlich sich ein Bär heran und riss das Maultier. Erschreckt wachte Korbinian auf, eilte aus seinem Zelt, sah, was geschehen war, und ging furchtlos auf den Bären zu, der mit seiner Beute beschäftigt war. Er segnete den Bären und befahl ihm, statt des Maultiers sein Gepäck zu tragen. Der Bär legte tatsächlich seine Wildheit ab, ließ sich bepacken und begleitete treu Korbinian nach Rom.

Dritter Teil

Erfüllter Abschied

Darstellung des Herrn

Das Zeugnis des greisen Simeon

Als die Tage ihrer Reinigung nach dem Gesetz des Mose erfüllt waren, brachten sie ihn hinauf nach Jerusalem, um ihn dem Herrn darzustellen – wie im Gesetz des Herrn geschrieben steht: Jedes Männliche, das den Mutterleib öffnet, soll dem Herrn heilig heißen – und um ein Opfer nach der Vorschrift im Gesetz des Herrn darzubringen: ein Paar Turteltauben oder zwei junge Tauben.

Damals lebte in Jerusalem ein Mann namens Simeon. Er war gerecht und gottesfürchtig und wartete auf den Trost Israels und der Heilige Geist ruhte auf ihm. Ihm war vom Heiligen Geist offenbart worden, er werde den Tod nicht schauen, bevor er den Messias des Herrn gesehen habe. Er kam, vom Geist getrieben, in den Tempel und als die Eltern das Kind Jesus hereinbrachten, um nach dem Brauch des Gesetzes an ihm zu tun, nahm er es in seine Arme und lobte Gott:

Nun entlässt du deinen Diener, Herr, nach deinem Wort in Frieden; denn meine Augen haben dein Heil gesehen, das du vor allen Völkern bereitet hast, ein Licht zur Offenbarung für die Heiden und als Herrlichkeit für dein Volk Israel.

Sein Vater und seine Mutter wunderten sich über das, was über ihn gesagt wurde. Und Simeon segnete sie und sagte zu Maria, seiner Mutter: Dieser ist gesetzt zum Fall und Aufstehen vieler in Israel und zu einem Zeichen, dem widersprochen wird – auch deine eigene Seele wird ein Schwert durchdringen –, auf dass die Gedanken aus vielen Herzen offenbar werden.

Es war da auch eine Prophetin Hanna, eine Tochter Penuels, aus dem Stamm Ascher. Sie war hochbetagt; nach ihrer Jungfrauschaft hatte sie sieben Jahre mit ihrem Mann gelebt und war nun eine Witwe von vierundachtzig Jahren. Sie wich nicht vom Tempel und diente Gott Tag und Nacht mit Fasten und Beten. Sie kam zu derselben Stunde hinzu, lobte Gott und sprach von dem Kind zu allen, die auf die Erlösung Jerusalems warteten.

Nachdem sie alles nach dem Gesetz des Herrn erfüllt hatten, kehrten sie nach Galiläa in ihre Stadt Nazaret zurück. Das Kind wuchs heran und erstarkte, erfüllt von Weisheit und Gottes Gnade ruhte auf ihm (Lukas 2,22–40).

Einmal wird dieser Augenblick, in dem dem greisen Simeon ein Licht aufgeht, für immer so sein: Gott, der ein verzehrendes Feuer ist, wird alles, was in dieser Welt gottlos war, verbrennen. Aber alle, die Gott suchen, die sich aus der Finsternis nach dem Licht sehnen, werden von diesem Licht erreicht, durchdrungen und verklärt. Zusätzlich mit dem Prozess des Alterns wird bei uns all das weggeschmolzen, was der Glut der Liebe nicht standhalten kann: All das, was ohne Gott gelebt wurde. Was aber in unserem Leben für Gott geschah, von ihm ermöglicht und von seinem Geist beseelt, das wird in Gottes Herrlichkeit eingehen. Unser innerer Mensch gehört dieser Herrlichkeit schon jetzt an.

In jeder heiligen Messe beten oder singen wir nach der Wandlung: *Deinen Tod, o Herr, verkünden wir und deine Auferstehung preisen wir, bis du kommst in Herrlichkeit.* »Bis du kommst in Herrlichkeit« ist nicht nur ein Zeitpunkt, sondern es ist auch das Ziel unseres Lebens. Wir leben auf diesen Tag hin. Und wenn wir wirklich glauben und der Glaube in der Liebe wirksam ist, fürchten wir nicht diesen Tag, sondern wir sehnen uns nach ihm.

Gott, du bist das wahre Licht,
das die Welt mit seinem Glanz hell macht.
Erleuchte auch unsere Herzen,
damit alle, die heute mit brennenden Kerzen
in deinem heiligen Haus vor dich hintreten,
einst das ewige Licht deiner Herrlichkeit schauen.

Der Messias kommt in seinen Tempel und begegnet dem Gottesvolk des Alten Bundes, vertreten durch den Propheten Simeon und durch die Prophetin

Hanna. Dem greisen Simeon, der daraufhin gelebt hat, offenbart sich die Deutung der Darstellung des Herrn im Tempel. Schon bevor Jesus im Tempel dargestellt wurde, hatte der Prophet im Glauben erkannt, was Gott vorhat und was sich mit Jesus im Tempel anbahnte. Jeder Erstgeborene musste vierzig Tage nach seiner Geburt im Tempel dargebracht werden.

Da kommen Maria und Josef zum Tempel und bringen das Opfer der Armen dar. Ein Paar Tauben genügen. Zusammen mit dem vierzig Tage alten Jesus durchschreiten sie den Vorhof des Tempels und kommen durch ein Tor in den inneren Bereich des Tempels, wo ein Priester auf sie wartet. Dieser Priester ist nicht Simeon. Simeon gehört zu denen, die sich im Tempelbereich aufhalten; er ist ein alter, ehrwürdiger, weißhaariger Mann. Ihm hat Gott geweissagt und ihn damit eines wunderbaren Erkennens gewürdigt: Er werde nicht sterben, bevor er nicht den Messias geschaut habe, den Heiland.

Als das Kind in den Tempel und in seine Nähe kommt, sieht er es und seine Augen tun sich auf: Er erkennt Ihn, den kommenden Herrn der Welt. Dann nimmt er dieses Kind auf seine Arme und preist Gott. Es gibt ein wunderbares Bild von Rembrandt, das er 1669 als sein letztes Bild malte – kurz vor seinem Tod. Der greise Simeon, lichterfüllt, trägt das Kind auf seinen Armen und lobt Gott – die Prophetin Hanna steht im Schatten im Hintergrund. Wohl niemand in der ganzen Geschichte der Welt hat die Darstellung des Herrn so tief aus dem Glauben heraus gemalt wie Rembrandt. Simeon dankt Gott, dass jetzt die Sehnsucht der Menschheit in Erfüllung geht.

Die Prophetin Hanna tritt zu diesem Geschehen hinzu. Sie ist eine alte Frau, die Gott schon lange im Tempel dient. Sie ist Witwe und heiratete nicht noch einmal. Mit Lob, Dank, Fasten und Beten opfert sie ihr Leben Gott im Tempel auf – stellvertretend für all die Menschen, die dies nicht tun. Auch sie erkennt Jesus als den Herrn der Welt.

Erfüllter Abschied

Ein weihnachtliches Fest

Das Fest am 40. Tag nach Weihnachten hat das obengenannte Geschehen im Tempel zum Inhalt. Die Eltern Jesu bringen ihn zum Tempel und entrichten sowohl das Opfer der Reinigung als auch das Opfer der Auslösung ihres Erstgeborenen. Ein erstgeborener Knabe galt als Eigentum des Herrn und musste vor den Herrn gebracht und mit einem Opfer ausgelöst werden.

Der volkstümliche Name des Festes lautet »Lichtmess«. Schon sehr früh (5. Jahrhundert) hat sich mit diesem 40. Tag nach Weihnachten auch eine Lichterprozession herausgebildet. Die mitgetragenen gesegneten Kerzen erinnern daran, dass der greise Simeon, der sich vornehmlich im Tempel aufhielt, an diesem Tag Jesus ein »Licht, das die Heiden erleuchtet« genannt hat. Das Licht der gesegneten Kerzen strahlt in die Liturgie des ganzen Jahres hinein und erinnert an Jesus Christus als das Licht der Welt. Jeder, der Gott wie Simeon sucht, der sich aus der Finsternis nach dem Licht sehnt, wird von diesem Licht erreicht, berührt, durchdrungen und verklärt.

Gott vergibt uns immer wieder und lässt uns zutiefst erkennen, wie erbarmend er ist. Er will, dass durch uns auch andere Menschen das Licht, Jesus Christus, erkennen, damit Gott einmal alles in allem ist. Simeon, der zum Propheten geworden ist, steht am Ende des Alten Testamentes und trägt das Neue Testament, Christus, auf seinen Armen, so, als ob er uns das göttliche Kind weiterreichen möchte. Er schenkt uns das Licht weiter, das sich durch uns ausbreiten soll und zu allen Menschen strahlt. Auch sie sollen wie Simeon den Heiland erkennen.

Dieser alte, ehrwürdige und gereifte Mann wurde vom Geist in den Tempel geführt. Ihn hat Gott eines wunderbaren Erkennens gewürdigt und geweissagt, er werde nicht sterben, bevor er nicht den Messias geschaut hat, den Heiland. Als Jesus von seinen Eltern in den Tempel getragen wird und Simeon das Kind sieht, tun sich seine Augen auf und er erkennt den kommenden Herrn der Welt.

Der Inhalt dieses Festes am 2. Februar ist vom Evangelium her gegeben: Der greise Simeon begegnet dem Messias, dem Herrn der kommenden Welt (vgl. Lukas 2,22–40). Seinen wunderbaren Lobpreis beten wir in jeder Komplet, dem Nachtgebet der Kirche. Im Osten wurde dieses Fest schon immer als »Fest der Begegnung des Herrn« gefeiert. Im Westen dagegen war es zunächst ein Marienfest, das »Maria Lichtmess« genannt wurde. Kerzenweihe und Lichterprozession kamen erst später dazu. Seit der Liturgiereform 1960 wird »Maria Lichtmess« auch in der römischen Kirche als Fest des Herrn gefeiert: Fest der »Darstellung des Herrn«.

Erfüllter Abschied

Gott, du Quell und Ursprung allen Lichtes,
du hast am heutigen Tag
dem greisen Simeon Christus geoffenbart
als das Licht zur Erleuchtung der Heiden.
Segne die Kerzen,
die wir in unseren Händen tragen
und zu deinem Lob entzünden.
Führe uns auf dem Weg des Glaubens und der Liebe
zu jenem Licht, das nie erlöschen wird.
Darum bitten wir durch Christus, unseren Herrn.

Gebet zur Segnung der Kerzen

Rembrandt Harmensz van Rijn
Ein erfüllter Abschied

Ankunft, Leben und Abschied bilden ein Ganzes. Erst wenn man alles zusammen sieht, kann man vom Wert und der Würde eines Menschen etwas erahnen. Ein kostbares und einmaliges Geschenk hat Rembrandt uns hinterlassen, als er am 4. Oktober 1669 mit 63 Jahren starb. Noch nicht ganz vollendet fand man auf seiner Staffelei das Bild »Simeon mit dem Christuskind«. Da uns dieses Bild begleitet, das auch auf dem Umschlag des Buches erscheint und besprochen wird, soll Einblick in das Leben Rembrandts, besonders in seine letzte Lebensphase, gegeben werden.

Gegenbilder stoßen in Rembrandts Leben aufeinander: Eine leidenschaftliche Jugend wird von einem reifen Erwachsensein abgelöst, und es folgt ein Alter in Schwermut mit gleichzeitiger Genialität. Am 15. Juli 1606 wird Rembrandt in der niederländischen Stadt Leiden geboren. Am alten Rhein stand die Mühle seines Vaters. Dieser Standort gab der Familie ihren Namen »van Rijn«: vom Rhein. Rembrandt war das sechste von neun Kindern. Von Geburt an muss er ein Sonderling gewesen sein. Seine Eltern waren wohlhabend; der Vater war beruflich sehr engagiert und erfolgreich und seine Mutter muss eine sanfte, aber starke Frau gewesen sein.

Bis 1620 besuchte Rembrandt die Lateinschule – er sollte Gelehrter werden. Doch brach er das begonnene Studium an der Universität ab und wandte sich der Malerei zu. Drei Jahre lang ging er beim Maler Jacob Isaacsz van Swanenburgh in die Lehre, dann wechselte er mit achtzehn Jahren zu Pieter Lastmann in Amsterdam. Nach einigen Monaten schon machte er sich in Leiden selbstständig. Zunächst behielt er den Stil und die Themen der italienischen Historienmalerei bei, wie er bei Lastmann zu malen gelernt hatte. Vier Jahre später zog Rembrandt endgültig nach Amsterdam. Hier erlebte er – in steigender Anerkennung – die Epoche des »Goldenen Jahrhunderts« dieser Stadt. Viele Schüler sammelten sich um ihn, und oft musste er sich als unglücklicher Rivale seiner eigenen Schüler vorkommen. Rembrandt malte und malte, und es sammelte sich immer mehr Reichtum bei ihm an.

In seiner Malweise geht Rembrandt eigene Wege und mischt seine Farben unauslöslich miteinander. Von seiner inneren Aufgabe war er zeitlebens erfüllt und verstand es, die Welt in Staunen zu versetzen. Schon mit zwanzig Jahren genoss er großen Ruhm. Es ging ihm immer um den Menschen, den er in guten und bösen Stunden erlebte. Auf das Sehen folgt bei ihm das Verstehen und aus der Bearbeitung folgt für Rembrandt die Verklärung. Seine Werke wirken nur, wenn man sich Zeit nimmt, sie intensiv zu betrachten.

1632 lernte Rembrandt Saskia von Uylenburgh kennen, die Tochter eines reichen Juristen aus Friesland. Sie war eine gebildete Frau, die ebenso wie Rembrandt Glanz und Erfolg liebte. 1634 heirateten sie. Drei von ihren vier Kindern starben nach der Geburt, nur Titus überlebte. Zu ihm empfand Rembrandt bis zu dessen frühem Tod eine tiefe und zärtliche Liebe, mit der er seinen Sohn überschüttete. Neben dem Tod seiner drei Kinder musste Rembrandt 1640 den Tod seiner eigenen Mutter hinnehmen, die er sehr verehrt und viel gemalt hatte.

In Amsterdam wurden Rembrandt und seine Frau Saskia mit Ruhm und Reichtum überschüttet, was beide sehr genossen. Es berauschte beide, Geld auszugeben. So kauften sie sich 1639 in Amsterdam ein prunkvolles Haus, das sie in kurzer Zeit mit bedeutenden Kunstschätzen füllten. Der größte Einschnitt in Rembrandts Leben war 1642 der Tod seiner Frau Saskia, die er unendlich geliebt und immer wieder gemalt hatte. Umso mehr überschüttete er jetzt Titus mit seiner Liebe, denn es bestand die Gefahr für Rembrandt, sich selbst zu verlieren. Der Verlust seiner Frau hatte großen Einfluss auf seine Malerei.

Der üppig ausgestattete Malstil mit seiner barocken Vorliebe, der gemalte Reichtum und der reiche

Schmuck wichen nach dem Tod seiner Frau schlichteren Bildern, auf denen die Lichteffekte sanfter und weicher sind. Die Welt wird durchlässiger für ihren geistigen Hintergrund. In der Weise, wie Ewiges, Religiöses, Warmes und Menschliches hervortritt, geht das äußere Vermögen langsam seinem Niedergang entgegen. Der größte Teil seines Besitzes wurde versteigert, und Rembrandts Freunde und Schüler verließen ihn. Letztlich besaß er nur noch sein Malwerkzeug. Wenn man weiß, was für ihn der Reichtum bedeutete, kann man auch verstehen, was seine Armut für ihn war.

Im Gegensatz zu früher wird Rembrandt jetzt von der bürgerlichen Welt verkannt; seine geniale Einfachheit wird nicht gesehen. Hinzu kommt ein Prozess, den er in dieser schweren Zeit führen muss. Die Erzieherin Geertghe Dircx, die er für seinen Sohn Titus engagiert hatte, zeigte Rembrandt wegen eines gebrochenen Eheversprechens an. Sieben Jahre nach dem Tod seiner Frau Saskia lernte er Hendrickje Stoffels, die Tochter eines Unteroffiziers kennen. Sie war bereit, zu Rembrandt und zu seinem Sohn Titus zu ziehen. In ihr fand er die entscheidende Hilfe in seinem Unglück. Obwohl er Hendrickje nicht heiratete, blieb sie ihm bis zu ihrem Tod treu. Die Gläubiger hatten weiterhin hohe Forderungen an ihn und verfolgten Rembrandt, wo sie nur konnten. Sein künstlerisches Schaffen jedoch blieb davon unberührt. Titus und Hendrickje gründeten einen Kunsthandel und kauften jedes Bild von ihm.

In Rembrandts Werken bricht jetzt ganz langsam das Bewusstsein vom Tod durch, und damit immer wieder die Frage nach dem menschlichen Sterben. Seine Malerei wird immer freier und vergeistigt und entmaterialisiert sich, sodass sich ein vollkommenes Verschmelzen des Künstlers mit seinem Werk vollzieht. Um 1660 zog Rembrandt in eine Wohnung in einem abgelegenen Stadtviertel von Amsterdam und suchte den Kontakt mit anderen Außenseitern. Die Frömmigkeit der Juden und später der Christen zog ihn besonders an. Aus dieser Zeit stammen die Freundschaften Rembrandts mit dem Rabbi Manasseh ben Israel und dem Arzt Ephraim Bonus. In diesen Außenseiterjahren malte er viel seinen Sohn Titus als Daniel, Christus, Tobias und als den jungen Josef. Damit verbunden war Rembrandts Suche nach der Reinheit des christlichen Glaubens.

In sechzig Selbstbildnissen malte Rembrandt sich selbst; hinzu kommen zwanzig Stiche und zehn Zeichnungen. In vielen Selbstzeugnissen aus frühen Jahren sieht man Rembrandt mit fragendem Blick. Man sieht, wie er sich auf den Bildern selbst erforscht und die Bilder in den letzten Jahren seines Lebens immer selbstloser und vor allem reifer werden. Was ihn auch quält: Man sieht und spürt, wie Rembrandt darüber hinausgeht. Seine Gesichter ruhen in sich selbst und vergeistigen sich mehr und mehr. Jedes Bild seines Spätwerks überschreitet den Anlass und geht weit über die Zeit hinaus.

Es ist unfassbar, dass das Unglück, das über Rembrandt hereinbrach, sein künstlerisches Schaffen nicht

negativ beeinflusste. Es traf den Menschen Rembrandt, aber nicht den Maler. Im Schutz der Liebe der beiden Menschen Titus und Hendrickje schuf Rembrandt in Armut und unter vielen Beschwernissen aller Art sein geniales Spätwerk. 1663 starb – erschöpft von ihrer überschweren Aufgabe – Hendrickje Stoffels, die Rembrandt und seinem Sohn Titus vierzehn Jahre zur Seite gestanden hatte. Sein letztes Jahrzehnt war von weiterem Unglück überschattet. 1668 starb Titus mit siebenundzwanzig Jahren. Danach versank Rembrandt immer tiefer in seiner Armut. Auf der anderen Seite verzehrte ihn das Malen vollständig. Er stand allein da, ein Mensch, der immer nur auf den Mitmenschen bezogen war und ihn mit Leib und Seele malte.

Am 4. Oktober 1669 starb Rembrandt mit dreiundsechzig Jahren. Er wurde in einem Armengrab bestattet. Nach seinem Tod fand man ein unvollendetes Bild auf seiner Staffelei. Es war »Simeon mit dem Christuskind auf seinen Armen«. In ihm sah sich Rembrandt als den in dieser Welt Verstummten, dem jedoch für die kommende Welt die Augen aufgegangen sind. Der Abschied, das Leben und die Ankunft bilden ein Ganzes. Auf diesem Bild geschieht alles gleichzeitig.

Rembrandts letztes Bild: Simeon und das Christuskind

Nun lässt du, Herr, deinen Knecht,
wie du gesagt hast, in Frieden scheiden.
Denn meine Augen haben das Heil gesehen,
das du vor allen Völkern bereitet hast,
ein Licht, das die Heiden erleuchtet,
und Herrlichkeit für dein Volk Israel.

Etwas sehr Wichtiges, was es zu sagen gibt: Der Mensch hat bis zu seinem Ende nicht aufgehört, daran zu glauben, dass er das Heil sehen wird. Auf diesem Bild geschieht es. Nach Rembrandts Tod im Jahr 1669 fand man den »Erfüllten Abschied« noch unvollendet auf seiner Staffelei. Im greisen Simeon findet sich Rembrandt wieder, der sich mit diesem Bild für sein Sterben rüstete. Wir dürfen also beim Betrachten dieses Bildes beide gleichsetzen. Simeon verlor die Hoffnung nicht, dass sich in seinem Leben und im Leben der anderen doch noch etwas Wesentliches ändert. Sein Ende, auf das wir hier schauen, verläuft in Heil und Frieden. Davon ist das Bild durchflutet. Eine große Stille breitet sich aus, in der äußerlich nichts geschieht. Innerlich jedoch geht bei diesem wunderbaren Abschiedsgesang Simeons ganze Sehnsucht in Erfüllung: Die Berührung mit der verborgenen inneren Welt.

Simeon zeigt die Bereitschaft, vom Gestern Abschied zu nehmen und zu neuen unbekannten Erfahrungen vorzustoßen. Für ihn und die Prophetin Hanna, die hinter ihm steht, geht die Prophezeiung aus dem Alten Testament in Erfüllung, denn sie dürfen den Messias schauen, den Herrn der kommenden Welt. Der alte Bund Gottes mit den Menschen rundet sich ab und es beginnt der neue und ewige Bund Gottes mit den Menschen in Jesus Christus, den Simeon auf seinen Armen trägt. Bildlich gesehen braucht Simeon nicht mehr zu sterben; er wird bereits aus dem Altwerden neu geboren – in eine andere verborgene Welt hineingehoben. Es findet eine Entgrenzung in die österliche Dimension statt, in die Weite der bleibenden Liebe.

Licht vom Licht

Man spürt einen Lichtstrom oder Lichteinfall, der von links oben kommt – nicht aus dieser Welt, sondern aus einer uns noch verborgenen Welt. Das Licht trifft auf Simeons Stirn und erleuchtet alles: das Kind und die Hände des Propheten. Das Licht berührt selbst Hanna, die sonst verschattet ist. Simeon, der auf dieses Licht hin gelebt hat, ist offen für dieses

Licht, das nicht aus dieser Welt, sondern von oben kommt. Es leuchtet über ihm, aber gleichzeitig ist es auch in ihm selbst erschienen. Auf dem Bild, das eine große Stille atmet, bricht Jenseitiges durch und wird für den Betrachter fühlbar. Simeon lässt uns ahnen, dass vielleicht mehr zu sehen ist, als wir zunächst dachten und wahrnahmen.

Der greise Simeon gibt Zeugnis vom Licht für alle Völker, das als kleines Kind in seine Arme gelegt wurde. Er ist gereift, zur Ruhe gekommen und sehend geworden. Ebenso übernimmt auch Hanna – wenn auch zögernd – diese Aufgabe. Simeon und Hanna sind zu Menschen geworden, über denen Licht aufgegangen ist und in denen Licht leuchtet. Sie, die lebenslang Ausschau hielten, sind jetzt sehend geworden. Was die Nacht ihrer Seele hell macht, ist der Glaube, der von Gottes Licht berührt wird. Das von oben, nicht aus dieser Welt kommende Licht, ist Leben, Licht und Wärme vom Heiligen Geist, der den Geist Simeons erleuchtet und ihm Erkenntnis und Wissen schenkt. Auch unser Leben ist dazu bestimmt, hell zu werden.

Mit geöffneten Augen

Meine Augen haben das Heil gesehen, das du vor allen Völkern bereitet hast. Auf dem Bild sind die Augen des Simeon halb geschlossen und trotzdem oder gerade darum sieht er über alles Gegenständliche hinaus, wird zum Seher und deutet dem Kind die Zukunft. Er schaut nach innen, und in diesem Bereich der Innerlichkeit offenbaren sich ihm vorher verborgene Wahrheiten und innere Räume. So ruft Simeon auch uns die Worte des Propheten Jesaja zu: *Steh auf, Jerusalem, werde licht, denn gekommen ist dein Licht, und die Herrlichkeit des Herrn strahlt über dir* (Jesaja 60,1).

Bei Simeon lösen sich alle Spannungen auf und führen zu einer gelösten Gebärde: Die Augen sind sehend geworden. Wenn wir das Bild lange anschauen, werden wir ruhig. Simeons Augen sehen – durch alles erlebte Unheil und alle Schmerzen hindurch –, wie Gott uns in dem Kind, versteckt und verborgen, sein Heil in die Hände legt. So kann nur malen, wem durch viel Dunkel und Leid die Augen des Herzens geöffnet wurden.

Die Prophetin Hanna

Das Evangelium berichtet, dass sie schon sehr jung, nach einer Ehe von sieben Jahren, Witwe wurde. Sie blieb ihrem Mann über das Grab hinaus treu. Hanna war jetzt vierundachtzig Jahre alt und hielt sich ständig im Tempel auf. Sie diente Gott mit Fasten und Beten. Sie kam *zu derselben Stunde hinzu, lobte Gott und sprach von dem Kind zu allen, die auf die Erlösung Jerusalems warteten* (Lukas 2,38).

Rembrandt malte sie im Schatten des greisen Simeon – langsam aus der Dunkelheit kommend und sich zu erkennen gebend. Von dem aus der jenseitigen Welt strahlenden Licht werden ihre rechte Gesichtshälfte und ihr Hals beleuchtet. Sie, die ansonsten verschattet ist, wird auf wunderbare Weise von diesem Licht berührt und innerlich bewegt. Gott gab ihr, wie Simeon, ein tiefgreifendes Erkennen, das Rembrandt allerdings nur ansatzweise ins Licht bringt.

Als hochbetagte Witwe kommt sie zögernd aus der sie umgebenden Dunkelheit und spiegelt eher das Leid und die Einsamkeit wider, die sie zur Genüge in ihrem Leben erfahren hatte. Und doch erkennt sie den Sinn dessen, was hier geschieht, denn sie preist Gott und spricht über das Kind. Rembrandt lässt ihr Gesicht ganz langsam aus der Dunkelheit hervortreten. Ihre Augen sind auf das hell erleuchtete Kind gerichtet und scheinen zu staunen – voll der Dankbarkeit. Sie steht dicht neben Simeon, einem weisen alten Mann, der bereits seinen Dank ausspricht – sein Mund ist halb geöffnet. So sind es eher die Dankbarkeit und das göttliche Licht, das dem Betrachter dieses Bildes leuchtend entgegenkommen, anstatt der Dunkelheit und dem Leid, das es in jedem Leben durchzustehen und auszuhalten gilt.

Hanna ist ebenso wie Simeon dazu bereit, obwohl die verschattete Welt noch in ihr sichtbar wird, für Gott transparent zu werden. Jetzt erscheinen in ihr Licht und Güte, wo sonst nur Öde und Mühsal waren. Es zeigt sich in ihr, dass alles Warten nicht umsonst war. Hanna, die noch eher dem dunklen Grund zuzuordnen ist, lässt den wunderbaren Kontrast sichtbar werden, der sich zwischen Licht und Schatten aufbaut, zwischen himmlischer Freude und dem Leid dieser Welt. Ohne sie und ihr Schicksal würde dieser Augenblick, in dem der greise Simeon sehend wird, nicht so leuchtend hervortreten. Rembrandt vereint all das, was zusammengehört, in einem wunderbaren Spiel von Licht und Farben.

Hände: Spiegel unserer Seele

Das Kind wird von Simeon merkwürdig frei auf den Unterarmen getragen; die Hände sind in betender Haltung geöffnet. Der leere Raum zwischen ihnen ist ein Raum der Stille und der Fülle, des Schweigens und des Lichtes. Die Hand ist in der Symbolsprache der am häufigsten dargestellte Teil des Menschen. Geöffnete Hände drücken die Aufnahmebereitschaft des Betenden aus. Simeon öffnet sich innerlich der Gnade und dem Licht des Himmels, was auf diesem Bild des Abschieds des greisen Mannes besonders deutlich wird. Sich Gott auszuliefern kann letztlich nur etwas unendlich Gutes und Liebevolles bewirken.

Das Gegenteil der geöffneten Hand ist die Faust. Als Drohgebärde und Symbol der Kampfbereitschaft kann sie Krieg, Zorn, Streit und Aggression ausdrücken. Eine ungeöffnete Hand kann Verschlossenheit, Hemmungen oder auch angstvolle Distanz widerspiegeln. Die Hände des Simeon sind in absoluter Hingabe geöffnet. Sie möchten berühren und empfangen, um weiterschenken zu dürfen. Die geöffneten Hände lassen spüren, dass der Lebens- und Lichtstrom frei fließen kann und die Seele bereit ist, das zu empfangen, wonach sie sich sehnt. Die Kirche sagt, Gott habe uns die Hand gegeben, damit wir »die Seele darin tragen«.

Nur mit geöffneten Händen – nichts festhaltend – können wir die uns von Gott zugedachte Gabe empfangen, die uns dann jeweils zur Auf-gabe wird. Simeons Leben rundet sich mit der Begegnung des Christuskindes ab. Das, wonach er sich gesehnt und sein gesamtes Leben ausgerichtet hat, geht jetzt in Erfüllung. Er hält auf seinen Armen, was in ihm ist: das Kind, das von göttlichem Licht durchflutet ist. Aus dem Innehalten wird ein Innewerden, ein Berührtwerden, das dem Empfang eines Sakramentes gleichzusetzen ist. In diesem Augenblick sieht Simeon, der Rembrandt ist, etwas Wesentliches, das über allem Sichtbaren steht. Die halb geöffneten Augen und der halb geöffnete Mund spiegeln das Innehalten und Bewusstwerden des Göttlichen wider. Vor allem aber sind es die geöffneten und weit ausgestreckten Hände, die jenseits des Kindes etwas zu berühren scheinen, das der Betrachter nur ahnen, aber nicht sehen kann.

Simeon, der allen Pessimismus durchbricht und jetzt im Licht der jenseitigen Welt steht, wird aus dem Altwerden neu geboren und in eine andere Welt hineingehoben. Das Bild zeigt, wie Abschied und Ankunft zusammengehören. Seine Hände deuten auf die Weite der bleibenden Liebe.

In Jesus Christus händigt sich Gott uns total aus. Die durchbohrten Hände Jesu am Kreuz sind geöffnet – im hingebenden und liebenden Entgegenkommen geöffnet, bis die gesamte Schöpfung von Dunkelheit und Schatten befreit ist. Jesu Hände sind stillgelegte Hände, und doch tragen sie unser Leben, ja, sie tragen die Welt. Wie Jesus uns mit menschlichen Händen das Unendliche nahebrachte, so versucht Rembrandt einen Hauch von dieser uns entgegenkommenden Liebe im Abschiedslied des greisen Propheten Simeon auszudrücken: das auf der Stirn reflektierende göttliche Licht, die fast geschlossenen Augen, der leise sprechende Mund und vor allem die das Jenseitige berührenden geöffneten Hände.

Geistliche Hochzeit

Der greise Prophet Simeon ist eine Gestalt an der Schwelle vom alten zum neuen Bund, der etwas Wesentliches über unser Leben aussagen kann. Er ist in der Lage, Heil zu entdecken, und weiß, dass sein Leben wie auch unser Leben nur dazu gemacht ist, heil zu werden. Simeon gehört in die Reihe der »christlichen Propheten«, deren Aufgabe es ist, im Geist Gottes den Christus zu erkennen und zu verkünden. Im neugeborenen Kind und im vom Leben Abschied nehmenden Simeon treffen die alte und die neue Zeit aufeinander: Die Zeit der Erwartung geht in die messianische Zeit über. Das vom Heiligen Geist gewirkte Zeugnis enthüllt die Christuswirklichkeit in diesem Kind. Die vom Geist geöffneten Augen Simeons sehen in diesem Kind den Messias und damit das messianische Endheil. Im Hinblick auf Christus bekommt sein Sterben einen neuen Sinn.

Durch die Darstellung im Tempel wird Jesus Gott geweiht und als sein Eigentum erklärt. Zur gleichen Zeit geben im Tempel von Jerusalem zwei vom Heiligen Geist erleuchtete Menschen, Simeon und Hanna, Zeugnis über die Heilsbedeutung dieses Kindes. Durch die Worte Simeons, die er prophetisch über dem Kind spricht, ist das vollendete Ende bereits in diesem unscheinbaren Anfang sichtbar. Er sieht in diesem Kind verwirklicht, was der Prophet Jesaja gesagt hat: dass Jesus »ein Stein des Anstoßes und ein Fels des Strauchelns« sein wird, aber auch als »kostbarer Eckstein« fest gegründet. Wer auf ihn vertraut, der wankt nicht. Gott hat dieses Zeichen in seinem Sohn Jesus Christus gegeben, damit das verborgene Böse in der Gedanken- und Gefühlswelt der Menschen entlarvt wird. Simeon sieht also nicht nur vor seinem inneren Auge die künftige Größe des Jesuskindes, sondern auch den harten Widerstand, den Jesus auslösen wird.

Es sei am Ende der Bildbetrachtung ein Blick auf die eventuellen psychologischen Zusammenhänge erlaubt. Der Prophet Simeon und die Prophetin Hanna sind Menschen, die sich dadurch auszeichnen und auffallen, dass sie sich die Visionen ihrer Jugend als Träume des Alters erhalten haben: als immer noch Liebende, als Sehnsuchtsvolle und als Wartende. Sie glauben an die Liebe, die in der Welt Gottes unvergänglich und unverbietbar ist. Simeon erkennt in diesem Kind sein eigenes Wesen. Dies ist nur bei den Menschen möglich, die imstande sind, mit ihren Visionen und Träumen ihre Kindheit bis ins hohe Alter zu bewahren. Das Unzerstörbare – das Bild des »Kindes« –, das in jedem Menschen wohnt, ist für Simeon zur Gewissheit geworden: In Gott wird sich die Maßlosigkeit seiner inneren Sehnsucht erfüllen.

Rembrandt hat seinem letzten Bild »Simeon mit dem Christuskind« ein mehrfach enthüllendes Licht gegeben. Zum einen ist es das optische Licht, das von Simeons Stirn, das Gesicht der Hanna streifend, über das Kind zu den Händen des Greises fließt. Zum anderen wird das Glaubenslicht im Messias offenbar, den der Prophet behutsam auf seinen Händen trägt. Hier tut sich bereits die Lichtherrlichkeit Gottes kund. Nach vielen Jahren oder gar nach einem ganzen Leben kommt der nicht zugelassene und verschattete Teil Rembrandts ans Licht.

Hat er den weiblichen Anteil seiner Seele zu wenig zugelassen? Rembrandt spiegelt sich im lobpreisenden Simeon, aber auch gleichzeitig in der schweigenden, von Leid und Einsamkeit gezeichneten Frauengestalt. Animus und Anima gehören zusammen und sollten in einem guten und ausgewogenen Verhältnis zueinander stehen. Hanna, als weiblicher Aspekt in seinem Leben, die bisher ein Schattendasein führte, tritt jetzt ins Licht und wird durch ihre Erscheinung und ihr Wort wahrgenommen. Der abgespaltene und verschattete Seelenteil Rembrandts, den er zu wenig zugelassen hat, wird jetzt durch den heil und licht, den er auf seinen Händen trägt: den Heiland. Hanna, die, psychologisch gesprochen, als weiblicher Aspekt zu Rembrandt gehört, ist aus ihrem Schattendasein erlöst und in die Persönlichkeit Simeons integriert.

Durch diese geistliche Hochzeit sehen Simeon und Hanna ein, dass sie unweigerlich zusammengehören und erkennen den Sinn und die Zukunft ihres Lebens. Im Bild entstehen jetzt diese wunderbar warmen und leuchtenden Räume. So kann nur malen, wem durch viel Dunkel und Leid, aber auch durch Zuwendung göttlicher Gnade die Augen des Herzens geöffnet wurden.

Das Abschiedslied des Simeon

Paul Ringseisen

Als Rembrandt am 4. Oktober 1669 in Amsterdam starb, wurde er in einem Armengrab bestattet. Der einstmals angesehene und reiche Maler war nach dem frühen Tod seiner geliebten Frau Saskia völlig heruntergekommen und verarmt. Als ihm Hendrickje, seine treue Gehilfin, und dann auch noch Titus, sein einziger am Leben gebliebener Sohn, wegstarben, war Rembrandts Kraft erschöpft. Vereinsamt starb er in einem abgelegenen Stadtviertel, von seinen einstigen Gönnern und Freunden längst vergessen.

Nach seinem Tod fand man auf seiner Malerstaffelei sein letztes Bild, noch nicht ganz vollendet. Der greise Simeon singt sein Abschiedslied, das Jesuskind auf seinen Armen. Was für ein bewegendes Bild! Ob sich der Maler, sein Ende nahend fühlend, mit diesem letzten Werk für sein Sterben rüstete? Ob er, der Verstummte, in diesem Simeon noch einmal sich selbst und seine Situation zum Ausdruck bringen wollte wie im vorausgegangenen Bild von der Heimkehr des verlorenen Sohnes, den er mit seiner ganzen Erbärmlichkeit in die geöffneten Arme seines Vaters laufen ließ? Ich könnte es mir denken.

Das Simeonsbild zeigt einen alten Mann mit schlohweißem Haar und Bart, der ein gewickeltes Kind merkwürdig frei auf seinen Unterarmen hält, während die Hände des Alten nach vorne ausgreifen, als streckten sie sich einem Unsichtbaren entgegen. Die Augen des Greises sind nach innen gerichtet, als sähen sie jetzt ganz nahe, was sie von weither erwartet hatten. Sein Mund ist halb geöffnet, als wolle er das überwältigende Glück der Stunde in Worte fassen. Ein wunderbares Licht, wie nur Rembrandt es malen kann, überflutet von oben her die ganze Gestalt. Das Licht fällt auf die Stirn des Mannes, erleuchtet das Kind auf seinen Armen, berührt seine tastenden Hände …

Wie oft hatte Rembrandt Zeit seines Lebens diese Szene skizziert! Jetzt wird sie zu seinem Vermächtnis, zu seinem ergreifenden Abschiedsgesang, den er zusammen mit Simeon singt: *Nun lässt du, Herr, deinen Knecht, wie du gesagt hast, in Frieden scheiden. Denn meine Augen haben dein Heil gesehen, das du für alle Völker bereitet hast: ein Licht, das die Heiden erleuchtet, und Herrlichkeit für dein Volk Israel* (Lukas 2,29–32).

Simeons Lied und Rembrandts Bild deuten und ergänzen sich gegenseitig. Durch beide geht es wie ein tiefes Aufatmen; über beiden liegt eine große Stille. Es ist, als löse sich – endlich! – eine fast übermenschliche Spannung in die erlöste Gebärde der ersehnten Begegnung hinein. Das mühselige Warten eines ganzen Lebens, das unermüdliche Harren und Hoffen auf den »Trost Israels«, die große Wende, waren nicht umsonst. Die Augen, die nicht aufgehört haben, Ausschau zu halten nach Gottes Erfüllung, sind sehend geworden. Nun schauen sie, erleuchtet vom Geist der Gewissheit, im kleinen Kind das große

Unterpfand dafür, dass Gott begonnen hat, sein Wort endgültig wahr zu machen. *Meine Augen haben das Heil gesehen, das du für alle Völker bereitet hast.*

Simeons Lied ist der prophetische Abgesang des ganzen gläubigen Israel. Es hat seinen Dienst am Heil der Welt im Warten auf den Messias getan. Nun kann es im Frieden abtreten: Gott händigt ihm in diesem Kind Marias den so lange Ersehnten buchstäblich aus. Er gibt ihn aus der Hand und legt ihn in Simeon Israel in die Hände. Vom Geist erfüllt, preist Simeon in ihm Gottes Geschenk für alle Völker. In diesem Wickelkind geht endlich Gottes Licht und Herrlichkeit über Israel auf, in ihm kommt Gottes Friede und Heil zu allen Menschen.

Was Simeons Abschiedslied in geisterfüllten Worten kündet, das leuchtet in Rembrandts großem Abschiedsbild im inspirierten Spiel von Licht und Farben auf dunklem Grund auf: leise Antwort Gottes auf unser tiefstes Hoffen nach Licht und Frieden. So kann nur malen, wem durch viel Dunkel und Leid hindurch die Augen des Herzens geöffnet wurden.

Die Botschaft von Rembrandts letztem Bild und Simeons Abschiedslied appellierten an Simeon in mir. Sie machen mir Mut: Wenn du ausharren lernst im Ausschauhalten nach dem Trost, den Gott gibt (und dir alle Selbstvertröstungen versagst), dann wirst du sehend werden – und wäre es erst im Abschiednehmen. Deine Augen werden dann nicht nur Unheil sehen, sondern verborgen schon Gottes Heil, für dich und die vielen. Jeden Abend legt die Kirche ihren Gläubigen dieses alte Lied in den

Mund. Simeons Preisgesang ist seit alters die Mitte ihres Nachtgebetes. Mit ihm nimmt sie Abschied vom Tag. Mit dem Lob auf das »Licht zur Erleuchtung der Heiden« geht sie hinein in das Dunkel der Nacht.

Mit dem großen Wort vom »Heil für die Völker« umfängt sie alles Unheil, das immer noch zwischen den Völkern herrscht. Auch an friedlosen Tagen wagt sie zu singen: »Nun lässt du, Herr, deine Kirche im Frieden scheiden.« Auch in glanzlosen Zeiten vergisst sie nicht die Herrlichkeit Gottes zu rühmen, die in dem verherrlichten Christus schon der geheime Grund ihrer Wirklichkeit ist. Kein Klagelied also an der Schwelle vom Tag zur Nacht, sondern Lobpreis, obwohl es doch so viel zu klagen gäbe.

Was Simeon am Abend seines Lebens sang, womit ein Rembrandt so bewusst Abschied von seinem Leben nahm, könnte uns zu einer täglichen Einübung ins kommende große Abschiednehmen in unserem Sterben werden. Ich werde nie vergessen, wie wir als junge Studenten der Theologie das Sterbebett des greisen Jesuitenfraters umstanden, mit dem uns eine freundschaftliche Liebe verband. Er hatte sich ausdrücklich von uns gewünscht, wir sollten zu seinem Sterbebett das Lied des alten Simeon singen, das ihm so sehr ans Herz gewachsen war. Mit leuchtendem Gesicht, als sähe er schon den, den zu schauen er sich ein Leben lang gewünscht hatte, und mit gefalteten Händen, die er wie zur Begrüßung nach vorne streckte, nahm er Abschied von seinen Brüdern und von uns.

Wie muss dieser einfache Mann ein Leben lang das »Nunc dimittis« gebetet haben, dass er es sich zum letzten Abschied wünschte! Von ihm möchte ich lernen, mit Simeons Lied jeden Abend mich und den heutigen Tag gläubig aus der Hand zu geben, damit ich an meinem letzten Tag gerüstet bin, mich voller Zuversicht mit einem ganzen Leben dem auszuhändigen, der mich in Jesus längst in seine Arme geschlossen hat.

Über das Altern

Heinrich Spaemann
(nach einer Tonaufnahme)

Wir sollten nicht ergrauen
ohne dass ich's weiß,
und es dem Vater trauen,
Kinder sein als Greis.

Dies ist eine Strophe aus dem Kirchenlied »Ja, ich will euch tragen bis zum Alter hin« von Jochen Klepper. Es gehört zu den Gnaden des Alters, dass man ganz von selbst eine Grundvoraussetzung zum Eintreten in das Reich Gottes erfüllt. Man kann nämlich nicht in das Reich Gottes eintreten – so sagt Jesus –, wenn man nicht wird wie ein Kind.

In jener Stunde kamen die Jünger zu Jesus und fragten: Wer ist denn im Himmelreich der Größte? Da rief er ein Kind herbei, stellte es in ihre Mitte und sagte: Amen, ich sage euch: Wenn ihr nicht umkehrt und werdet wie die Kinder, werdet ihr nicht in das Himmelreich hineinkommen. Wer sich so klein macht wie dieses Kind, der ist im Himmelreich der Größte. Und wer ein solches Kind in meinem Namen aufnimmt, der nimmt mich auf (Matthäus 18,1–5).

Aber was ist damit gemeint, zu werden wie ein Kind? Nicht dass man kindisch wird! Gott möge uns davor bewahren! Nein, Jesus meint etwas viel Tieferes. Man muss stark sein, um unendlich zart sein zu können. Man muss weise sein, um ein Tor sein zu dürfen. Und so muss man wohl erst die Reife des Alters gewonnen haben, um wie ein Kind zu sein. Was ist denn das Besondere am Kind, von dem Jesus sagt, wenn man nicht wie ein Kind wird, kann man nicht in das Himmelreich eingehen? Das Kind lebt vom Geschenk her und es schenkt weiter. Das Kind meint nicht, dass es durch Leistung etwas bekommt oder etwas verdient. So lange es noch ein wirkliches Kind ist, freut es sich über alles, was ihm geschenkt wird. Es sieht die Welt und erlebt sie als Geschenk.

Es staunt immer neu über alles, was ihm gegeben wird. Alles ist ihm neu und alles kommt für das Kind aus der Liebe. Und darum stehen die Dinge für das Kind auch noch im Glanz. Die Liebe macht diesen Glanz aus; da ist jemand, der liebt. Wenn ein Kind keine schlechten Eltern hat, dann sind sie es, die das Kind erfahren lassen, dass sie ihm den Tisch decken, dann sind die Eltern es, die mit ihm zu Tisch sitzen. Dann wird der Tisch dem Kind nicht so gedeckt, dass es ganz allein sein muss – mag noch so viel darauf sein. Das arme Kind, das die Liebe nicht erlebt; es kann nicht von ihr leben.

Es ist die Gnade des Alters, dass man mehr und mehr darauf angewiesen ist, dass einem geschenkt wird. Man hat einiges in seinem Leben geleistet, aber das ist jetzt nicht mehr so wichtig. Jetzt spürt man, dass man ein

Geschöpf ist. Man kann nicht mehr, wie man will: keine großen Wege mehr machen und auch nichts Besonderes mehr leisten. Jetzt sind wir denen sehr dankbar, die uns Liebe erfahren lassen. Man kann nicht viel wiederschenken, so wie kleine Kinder auch nicht. Sie haben kein Geld und verfügen auch nicht über besondere Vorräte. Das Kind kommt eher mit einer kleinen Blume zu uns oder mit einem Bild, das es gemalt hat. Aber das Eigentliche, was das Kind schenkt, das ist es selbst.

Und so ist es auch mit einem alten Menschen. Viel kann er nicht mehr schenken, nicht mehr viel besorgen. Aber: Er kann sich selbst schenken. Er hat nichts anderes. Der ältere Mensch weiß oft gar nicht, was das bedeutet. Wie soll man selbst wissen, wie viel man einem anderen wert ist! Aber unwillkürlich schenkt man sich selbst doch. Man ist einfach da. Aber sollte es denn nicht so sein, dass das Wesen des Menschen, das gereift ist, so wie Gott es wollte, als Mensch sich dem anderen mitteilt? Sollte es denn nicht so sein, dass der ältere Mensch das Weilen bei einem anderen einfach als Geschenk empfindet, weil dieser er selbst ist?

Im Alter wird man innerlich freier. Man meint nicht, dass man Eindruck auf Menschen machen müsse; man denkt nicht an ein bestimmtes Ziel und es steht kein bestimmter Zweck im Hintergrund. Das ist bei Kindern auch nicht der Fall. Kinder gehen ganz unbefangen auf die Menschen zu, nicht, weil sie etwas von ihnen wollen, nicht, weil sie eine Absicht haben – das kann durchaus auch mal sein –, sondern zunächst einfach darum, weil sie gut zu ihnen sind und weil die anderen sie erfreuen. So ist es auch, wenn man älter wird. Die unguten Absichten weichen nach und nach aus dem Herzen und aus dem Verhalten. Man hat nicht mit dem anderen etwas vor, sondern man ist einfach für ihn da. Die anderen Menschen kommen zu den Älteren zu Besuch, weil diese keine weiten Wege mehr machen können.

Die ungute Absicht, mit anderen Menschen nur zum Vorteil für mich umzugehen, dass ich sie für mich ausnutzen will, weicht mehr und mehr. Gott selbst fügt es so, dass das absichtliche und zweckgebundene Handeln unser Herz und unser Wesen verlässt. Das bedeutet dann auch, dass wir den Mut haben, wahrhaftig zu sein und das zu sagen, was wir denken. Wir haben auch keine Angst davor, dass wir vielleicht auch »schlechtes Wetter« machen könnten.

Solange man noch jünger ist und darauf angewiesen, dass andere Menschen einen achten und ehren, weil etwas dabei für die Karriere oder für sonstige Absichten auf dem Spiel steht, wägt man sein Wort im Sinn des eigenen Interesses ab. Im Alter ist dies nicht mehr so. Man ist dahin befreit, zu sagen, wie man die Dinge sieht. Und gleichzeitig sagt man sie liebevoll, denn es gehört wiederum zum Alter, dass man unzählige Male erfahren hat, wie schwach man ist, angewiesen auf Vergebung und auf Nachsicht des anderen. Dies macht einen selbst auch nachsichtig; man wird jemanden nicht leicht mehr verurteilen. Es steht uns ja immer näher bevor, dass man selbst vor das Antlitz Gottes treten muss und somit das Urteil

Gottes erlebt, in dem man immer schon lebt. Man wird sich hüten, zu richten, weil man selbst nicht möchte, dass man gerichtet wird.

Ein Kind richtet auch nicht. Es nimmt die Menschen und die Dinge so, wie sie sind: Es kann nicht anders – es lässt sich alles geben. Es ist etwas Wunderbares für ein Kind, das sich alles geben lässt in dem Vertrauen, dass das Gegebene gut ist. Und wiederum ist es die Gnade des Alters, dass man mehr und mehr dahinkommt, sich das Leben geben zu lassen, dass man vertraut, denn Gott verantwortet es so, wie es kommt. Letztlich ist das die Gnade des Glaubens. Wenn man wirklich vertraut, dann verantwortet die Liebe Gottes alles, was mir begegnet, die Liebe Gottes verantwortet es. Wenn du wirklich glaubst, dann ist es wirklich so. Du brauchst keine Angst um dich zu haben, du brauchst nicht aus deiner Angst um dich selbst etwas zu tun, was nicht aus Gott kommt. Vertraue darauf: Alles, was dir begegnet, verantwortet die Liebe Gottes.

Und dann noch etwas, das zum Kind gehört: Das Kind hat noch einen Ja-Geist, weil es vertraut, dass die Welt gut ist. Das Kind wacht mit Vertrauen auf, und weil es vertraut, bejaht es. Es bejaht die Welt, die Sonne, die Menschen. Es lebt aus einem Ja-Geist. Wenn man älter wird, begegnet man mehr und mehr den Schatten der Welt.

Man erfährt sie oft schmerzhaft an sich selbst. Und dann erwacht die Kritik. Viele Verhältnisse sind nicht so, dass sie so bleiben müssten. Es gibt berechtigte notwendige Kritik, die uns selbst dahin bringt, alles zu tun, um zu bessern und zu verändern.

Das Tiefere, das Wichtigere jedoch besteht darin, dass man bejaht, dass man den anderen spüren lässt: Ich sage Ja zu dir, und dass man die Welt als von Gott geschaffen und von Gott uns anvertraut bejaht. Dieser Ja-Geist wird uns alles schenken, was wir zu einem gelungenen Tun benötigen. Im Alter wird es uns eher möglich, wieder »Ja« zu sagen. Wenn man in früheren Zeiten oft »Nein« sagte, tat man es vielleicht aus einem unguten kritischen Geist. Man meinte, die Fehler des anderen seien die eigene Rechtfertigung, und man hatte den Drang, oben zu sein. Das Unten des anderen ist ja immer mein Oben und daher kritisiere ich gern, weil ich dann ja oben bin und der andere unten.

Das alles verlässt allmählich unser Herz und unser Wesen. Im Alter bejaht man gern. Man könnte auch sagen: Im Alter sucht man das Licht, bis man es sieht. Die Augen werden schwächer – es ist wie bei der Abenddämmerung: Man sieht jetzt das Weite, man sieht, wie die Sonne sinkt, und man sieht auch die aufleuchtenden Sterne. Im Alter hat man ein anderes Verhältnis zum Licht. Man sucht das Licht und man sieht das Licht. Man sieht das Licht im anderen, in den Menschen, überall da, wo ein Funken Licht ist, versucht man, diesen Funken nicht zu übersehen, sondern ihn zu bewahren. Wir leben von diesem Licht und leben auf dieses Licht hin. Wir möchten ins Licht hineinkommen und nicht in die Finsternis. Diese Sehnsucht schenkt uns ein inneres Verhältnis zum Licht, sodass wir allmählich in allen Menschen das Licht wahrnehmen. Man freut sich daran und erkennt, dass das Licht letztlich die entscheidende Wirklichkeit ist.

Das Licht, das letztlich identisch ist mit der Liebe, ist die Wirklichkeit, die wirklicher ist als jede andere Wirklichkeit: Gott ist Liebe. Sie will Liebe finden und wiederlieben, das bedeutet, in der Wirklichkeit leben. Die Welt wird schattenhaft, wo keine Liebe mehr ist. Wir leben auf einer Zivilisationsstufe, auf der man einander überholt. Die Autobahn ist geradezu so etwas wie ein Symbol unserer Zeit geworden; ebenso aber auch – leider Gottes – der Schnellimbiss und der Selbstbedienungsladen. Der Mensch will alles möglichst schnell hinter sich bringen; er will den anderen überholen – wie auch sich selbst. Dabei wird die Welt immer schattenhafter, denn immer weniger Verbundenheit ist da. Es gibt keine Hand mehr, die uns etwas reicht, kein Gesicht, das uns anschaut. Man sitzt nicht mehr um einen Tisch, sondern schaut gemeinsam auf einen großen Fernsehschirm. Damit nimmt die Wirklichkeit ab. Die Welt wird gespenstischer, wenn die Menschen immer nur darauf bedacht sind, einander zu überholen, wenn Leistung immer wichtiger wird oder Raffiniertheit und Konsum. Schattenhafter wird die Welt, doch sie wird immer da wirklich, wo die Liebe geschenkt wird und wo man sie erwidern darf. Und das ist Gottes Ziel mit uns: Wir sind ja von ihm geliebte Wesen. Gott liebt uns – er hat es uns in Christus gezeigt. Gott hat seinen Sohn für uns dahingegeben, der sich am Kreuz für uns geopfert hat, um uns zu zeigen und uns zu sagen, wie er uns liebt, dass er die Liebe ist und wie weit die Liebe geht – sie geht bis ans Ende.

Jesus, der eine Mensch, stirbt für uns Menschen, um von uns das hinwegzunehmen, was uns hindert, in der ewigen Liebe geeint zu sein. Das hat er getan, und er fährt fort, es zu tun, denn wir leben aus der Vergebung. Wie freut sich ein Kind, wenn es wieder in die Arme der Eltern oder eines geliebten Menschen laufen darf. Es hat etwas angestellt und jetzt ist alles wieder gut. Es wird von der Liebe umfangen – was ist das für ein Glück! Vergebung, die man erfährt, löst ein noch tieferes Glück aus als alle Gaben, die man bekommt.

Der heilige Bischof Ambrosius antwortet auf die Frage, warum Gott wohl den Menschen erschaffen habe: »Damit es ein Wesen gibt, das erfahren kann, was Vergebung ist.« Vergebung, das ist erst die Tiefe der Liebe Gottes. Wie tief die Liebe Gottes ist, haben wir erst durch Jesus erfahren, der für uns am Kreuz starb und der auferstand. Als der Auferstandene senkt er uns durch und mit seinem Heiligen Geist die Liebe Gottes ins Herz. Dies geschieht immer wieder neu. Wenn wir uns noch so müde vorkommen, so hart und so abgebrüht: Gott durchdringt alle Krusten und Schalen. Wenn wir nur kommen und uns neu nach ihm sehnen. Gott hat unser Leben in seiner Hand, und seine Hand ist eine liebende Hand.

Begegnung mit meinem Schatten

Johannes Bours
(nach einer Tonaufnahme)

Bei der Dichterin Marie Luise Kaschnitz lese ich das Wort: »Altsein heißt suchen.« Wie soll ich das verstehen? Könnte man nicht denken, dass das Gegenteil richtiger wäre: »Altsein heißt, das Suchen endlich lassen?« Wonach denn suchen? Nach dem, was ich eigentlich bin! »Der Sinn und die Aufgabe des Alterns ist die Rückkehr aus allen Entfremdungen in die Eigentlichkeit der persönlichen Existenz« (Anton Szekely).

Es gibt zwei Lebensalter, in denen sich die Frage »Wer bin ich?« besonders aufdrängt. Das ist die Zeit etwa zwischen 18 und 23 Jahren, und es ist die Zeit des Alterns. Aber in der Zeit der Jugend hat diese Frage noch mehr den Klang: Was kann ich? Im Alter hat sie den Klang: Wer bin ich denn eigentlich hinter allen Entfremdungen und Verfremdungen, die das Leben und ich mir selber angetan haben? Unter den 63 Selbstbildnissen Rembrandts scheinen mir die Altersbildnisse die eindrucksvollsten zu sein; man denke etwa an das erschütternde Selbstbildnis, das er nach seinem Bankrott anfertigte. Es ist die Frage und das Suchen der Menschen nach Lebenswahrhaftigkeit.

Es gibt auf dem Reifungsweg zum Alter zwei Gefährdungen, die dem Prozess der Lebenswahrhaftigkeit entgegenstehen: die Erstarrung, Verfestigung (Gesetz, Verkopfung, Ritualismnus, Absicherung) und die Auflösung (Ordnungslosigkeit, Unzuverlässigkeit, Konturlosigkeit, Haltlosigkeit). In der Verhärtung steckt die Grundgebärde des Sich-festhalten-Wollens, des Nicht-loslassen-Könnens. Die der Starrheit entgegengesetzte Gefährdung ist das Sich-Gehenlassen (Graf Dürckheim). Wenn der alternde Mensch nicht mehr in seiner Berufsarbeit steht, kann sich eine Leere auftun, in der eine innere Problematik offenbar wird, die bisher nicht in Erscheinung trat, weil die Berufsarbeit davon ablenkte. Das Alter ist die Zeit, in der noch einmal – zum letzten Mal – das Angebot da ist, den eigenen Schatten zu erkennen. Der Schatten – im Sinn der Tiefenpsychologie – ist: ins Unbewusste verdrängtes Leben, vom »Ich« abgelehntes Leben, das doch zu mir gehören will. Der dunkle Bruder meines Lebens. Meine verdrängte, abgespaltete Lebensseite.

Wenn ich meinen Schatten nicht mehr wahrnehmen kann – er ist ja ins Unbewusste verdrängter Lebensanspruch –, beginnt er aus dem Unbewussten Störsignale zu senden (etwa Depressionen, Verbitterungen, Reizbarkeit). Am liebsten projizieren wir unseren Schatten, um seinen Druck loszuwerden, ahnungslos, oft mit Aggressionen auf andere Menschen oder auf Institutionen. Aber so kommen wir nicht von diesem noch unerkannten Schattenbruder los, der ein Stück unserer inneren Wirklichkeit ist. (Ein Mann, den ich seit fünfzehn Jahren nach seiner Studienzeit nicht mehr gesehen hatte und der mir nun beim Wiedersehen einen sehr gereiften Eindruck machte, sagte mir, als ich ihm diesen Eindruck mitteilte: »Ich brauche andere nicht mehr zu beschimpfen.«) Oder aber wir versuchen uns gegen den Druck des Schattens in uns abzusichern, abzuschotten durch strenge Verhaltensmechanismen und durch Regulierung unseres Verhaltens, um nicht durch den dunklen Bruder aus der Bahn geworfen zu werden.

Wir müssen unseren Schatten kennenlernen, uns ihm stellen, ihn schließlich annehmen. »Man wandelt nur das, was man annimmt« (C. G. Jung). Wenn wir unseren Schatten annehmen, enthüllt er uns seine Zukunftskraft: »Suche im Schatten den Quell des Lebens« (E. Drewermann). Denn im Schatten liegt ja, gleichsam eingefroren verdrängtes Leben, das nach Licht verlangt. (Die Märchen wissen viel von dieser Schattenverwandlung durch Annahme zu erzählen.) »Kein gültiges Werden ohne Wahrnehmung des Schattens« (Dürckheim). Der Schatten macht sich bisweilen bemerkbar in unseren unkontrollierten heftigen Reaktionen auf Eigenschaften anderer, die wir nicht (an uns) leiden mögen. Oder in Träumen, in denen eine von uns negativ empfundene Gestalt auftaucht, von der wir dumpf ahnen, dass sie etwas mit uns zu tun hat (Mephisto als Schattengestalt Fausts).

Die Entstehung des Schattens geht oft bis früh in die Kindheit zurück. Sie kann sowoh schicksalhaft wie auch schuldhaft sein. Wenn wir auf einen Lebensanspruch in bewusster und motivierter Verarbeitung verzichten um eines höheren Gutes willen, wird er nicht zum Schatten; er wird gleichsam als »Opferflamme« Licht. Den Schatten kommen lassen heißt nicht einfach, ihn auszuleben.

Jeder hat seinen Schatten. Er gehört zum Menschen (vgl. A. Chamisso: Peter Schlemihl; H. v. Hofmannsthal – R. Strauss: Die Frau ohne Schatten). Die Heiligen haben sich mit ihrem Schatten auseinandergesetzt. Esau ist Schattengestalt Jakobs. Im Gleichnis vom verlorenen Sohn sind die beiden Brüder einander Schattengestalt.

Das Erkennen des Schattens kann auch noch im Alter ein Stück Befreiung und Gelassenheit bewirken. Wir entdecken etwa »Skripten« der Eltern, Empfehlungen oder Verbote, »Botschaften« der Eltern, die uns ins Leben hinein mitgegeben wurden – vielleicht nicht durch Worte, sondern durch das Verhalten der Eltern, die unser Leben verfremdet haben.

Vielleicht können wir uns im Alter von diesen falschen Skripten nicht mehr ganz befreien; aber indem wir sie erkennen, gewinnen wir doch zu ihnen ein Stück guter Distanz, die uns etwas freier und gelassener machen kann. Die Fragen, die wir uns stellen können, lauten: Was hat mir meine Mutter am meisten empfohlen? Verboten? Und ebenso mein Vater. Welche »Botschaft« hat mir meine Mutter, mein Vater besonders ins Leben mitgegeben? Zum Beispiel: Ob ich den Menschen vertrauend begegne oder im Misstrauen. Oder: Du kannst das nicht – oder: Du wirst es schon schaffen ...

Im Laufe unseres Lebens hat sich unsere »Persona« aufgebaut. Die »Persona« ist das »Ansehen«, das ich in der Gesellschaft von mir aufgebaut habe, das die Gesellschaft von mir aufgebaut hat. Die »Persona« kann zur Maske, zur Fassade werden. Die Relativierung oder auch Entlarvung dieser Persona gehört zum Reifungsprozess des Alterns. Das kann schwer werden, denn es bedeutet ein Loslassen. Nicht selten merkt der alternde Mensch nicht, dass er sich im Laufe des Lebens mehr und mehr mit seiner »Persona« identifiziert hat. Er merkt nicht, dass das nur eine Außenseite seines Lebens ist – was aber ist er selbst?

»Altsein heißt suchen«, so begann unsere Notiz. Suchen nach dem, was ich eigentlich bin, so wie Gott mich sieht. Und: suchen nach dem Vertrauen, dass ich vor Gott so sein darf, wie ich bin, wie ich geworden bin – wenn ich nur dazu stehe. Suchen nach dem Vertrauen, dass ich mich loslassen darf, dass ich mich fallen lassen darf in Ihn hinein. Die Beschwerden des Alters machen sich mehr und mehr bemerkbar. Aber diese letzte Zeit, die uns noch bleibt, trägt in sich eine große Chance: eine vielleicht bisher nicht gekannte demütige Lebenswahrhaftigkeit vor Gott in uns aufkommen zu lassen. Ich denke an das Wort im zweiten Korintherbrief: *Wenn auch unser äußerer Mensch aufgerieben wird, der innere wird Tag für Tag erneuert.* Eine Erneuerung, die nicht mehr unsere Leistung ist, sondern ein Geschenk in unsere leeren Hände hinein. In Gottfried Kellers »Grüner Heinrich« steht der Vers: *So wandle ich auf dem Abendfeld, dem sinkenden Gestirn gesellt.* Nein, nicht dem sinkenden Gestirn gesellt, sondern dem, der der »Sol invictus« ist, die aufgehende Sonne.

Literaturverzeichnis und Bildnachweis

Ars moriendi. Die Kunst, gut zu leben und gut zu sterben. Herausgegeben, eingeleitet und übersetzt von Jacques Laager. Manesse Bibliothek der Weltliteratur. Zürich 1996.

Ars moriendi. Erwägungen zur Kunst des Sterbens. Herausgegeben von Harald Wagner. Freiburg 1989.

Peter Dyckhoff: Auf dem Weg in die Nachfolge Christi. Leipzig³ 2022.

Peter Dyckhoff: Sterben im Vertrauen auf Gott, Illertissen 2014.

Anna Grigorjewna Dostojewskaja: Erinnerungen. München – Zürich 1980.

Emile Eche: Ich diente und mein Lohn ist Frieden. Maria Euthymia. Münster ¹¹1989.

Zenta Maurina: Dostojewskij. Menschengestalter und Gottsucher. Memmingen 1981.

P. Wendelin Meyer O. F. M.: Schwester Maria Euthymia. Münster ¹⁶1976.

Johannes Rabeneck SJ: Das Geheimnis des dreipersönlichen Gottes. Eine Einführung in das Verständnis der Trinitätslehre. Freiburg 1949.

Johannes Rabeneck SJ: Einführung in die Evangelien durch Darlegung ihrer Gliederung. Münster 1941.

Johannes Rabeneck SJ: Concordia libri arbitrii. Ona und Madrid 1953.

Bildnachweis

Bild auf dem Einband und der Postkarte:
Rembrandt Harmensz van Rijn: »Simeon mit dem Christuskind« oder »Simeons Lobgesang« (1669), Leinwand: 99 × 78,5 cm, Nationalmuseum Stockholm, Södra Blasieholmshamnen 2, 11148 Stockholm, Schweden

Vorlagen der Rembrandtabbildungen:
Quagga-illustrations, Berlin, Dr. Rita Gudermann und Privatarchiv des Autors